U0134916

關鍵價位 徐華康

股票與期貨的進出場時機

交易員知道，趨勢才是你最好的朋友，
而關鍵價位決定了趨勢；到了關鍵價位，
某些走勢你以為是偶然，其實都是必然。

能在市場上賺錢，依靠的並不是交易技術，
而是「順勢而為」，也就是跟隨趨勢。
聽起來像老生常談，但事實就是如此。

推薦序

經驗與態度傳承，投資回歸簡單輕鬆

徐華康總經理在金鼎證券集團十餘年，歷經期貨研究員、研究部門主管、交易員、交易部門主管，可謂交易資歷完整。由於絕大部分交易者的專業知識都是藉由「親身經歷」累積而成的，因此經過愈多次大漲與大跌的洗禮所淬鍊出來的技能，對於未來的實際交易自然有愈多優勢。現今能將多年累積的實際經驗與理論結合，且願意提供寶貴自身經歷的交易者，並不多見，而當華康拿著手稿請我寫推薦序時，我心想：投資人有福了。

長期以來，華康一直是本公司期貨投資決策上極具關鍵性的主管。他與劉懋楠執行副於2002年草創期貨自營部門，其後每年均獲利的情況令人最為印象深刻，這也是公司期貨自營方面發展最快的時期。而除了對整體行情走勢的敏感度之外，他對操作風險的體認及看法更是許多年輕交易員應多加學習之處。

雖然久未聽聞華康分析對於股市、期市的看法，但他出書著論便是提供了另一條與大家分享交易心得的管道。投資交易

是一門專業的學問，而許多交易人員難以將其專業中的直覺與內涵方面的東西文字化或邏輯化，或者不願傳承自身經驗及態度，這些是很難靠自己摸索而快速獲得的，坊間也較少有機會可供參考，而本書中簡單且實用的觀念，相信可使許多投資人獲益良多。

投資原是簡單快樂的事，任何人只要至券商開戶均可簡單且直接參與公司的成長；但這些年行情震盪加劇，次級房貸、金融海嘯等諸多事件使得投資獲利更加不易，不過只要有正確的方法及心態，相信良好的績效並非難事。這本投資交易的入門書籍，不僅對進場方面描寫真實，對出場及風險管控亦多著墨，是一本值得推薦的好書。為之寫序，也預祝即將付梓的《關鍵價位》能有好的成績。

金鼎證券集團名譽董事長
陳淑珠

推薦序

「關鍵價位」讓交易變得有秩序

如果要學習交易，該從什麼地方入門？如果要有正確的交易觀念，什麼樣的觀念才是正確的交易觀念？《關鍵價位》是一本深入淺出的實戰書籍，書中沒有艱澀難懂的專有名詞，也沒有隱晦不明的交易方式，有的只是一個個淺顯清楚的原則。在瞬息萬變的投機市場中，交易的過程本該如此，沒有花俏不實、模稜兩可及隱晦難懂的天機，只有明確的進場、出場與資金管理。

我常被當成股市的專家，許多場合會碰到一些好朋友，才見面劈頭就問：「行情會漲到哪裡？」、「有沒有推薦我買哪一檔股票？」；其實對於市場的高低漲跌，要考慮的因素非常多，除了全球總體經濟良窳外，區域經濟的未來發展、個別公司的營收狀況，甚至對技術分析的量價關係、技術指標也應一併考量，但如何在實務的交易中，轉換成簡單的原則，運用線圖變成進出場的判斷，則是另一門學問。在我認識的許多朋友中，有此「特異功能」者不在少數，但願意且能用簡單的話語及一目瞭然的方式來表達者，雖稱不上鳳毛麟角，但也是屈指

可數。

　　讀者雖然可從本書中學到很多有趣的交易規則及進出場的依據，但我認為這些東西在其它書中都可學到類似的資訊；本書真正的重點是，華康花了較多的篇幅著墨在趨勢、風險的管控及情緒的處理方面，這些才是交易中每天會面對的問題，十分寫實的反映盤中的每一刻必須要下的決策。

　　人們常說：「做趨勢的朋友。」但對許多投資人來說，趨勢不但不像朋友，反而像陌生人，甚至是敵人。讀完本書之後，相信對順勢交易的體會應有更深一層的了解，並懂得如何與趨勢成為好友。

　　當初華康老弟託我寫推薦序，在每天忙碌的工作之餘，這本不是件輕鬆的事，但作者透過簡單的口語來描述交易，發現讀書變成一件輕鬆的事，交易也變成是一件簡單的事，從第一頁開始，交易一切都變得有秩序。如果今年要推薦一本股票、期貨交易的入門書，這本書絕對是必看且值得收藏的書。

國票綜合證券董事長
丁予嘉

推薦序

　　華康與我的淵源著實不淺；在一個偶然的機會，一句「你是不是XX國中劉懋楠」的相認，就此牽起了我們的不解之緣。

　　2002年我任職於金鼎證券，當時正準備籌設期貨自營部門，知道他正在集團內從事期貨交易的研究工作，我立刻邀他一起加入，成為當時期貨自營部中，名副其實的「哼哈二將」。我們一同見證了台灣期貨市場的興盛，經歷過期貨與選擇權商品的黃金時期，當然也一起面臨詭譎難測的行情漲跌，以及恐怖的保證金追繳與甜美拿計算機數獎金的日子。

　　有人說交易這條路是孤獨寂寞且難以持久的，我看過無數交易者因各種緣故從此遠離交易，但一晃眼十年過去了，華康和我仍然堅守在第一線的交易崗位上，即使曾經鬧過不同意見，但深富研究精神的他與喜歡享受市場漲跌刺激的我，至今仍持續攜手追求共同的理想，可見我倆還真是一個不錯的組合。

　　現在華康要將他的研究心得著書出版了，而書中大半的觀念在構思時都與我討論過，內容雖然淺顯，但身為一個拿實際

交易參與其中的見證者，我認為很有參考價值，足以成為想要一窺交易堂奧，或是備妥銀彈打算在交易市場搏殺一場的入門者的極佳練功心法。

交易本來就是簡單的事，而這本淺顯易懂、觀念正確的書，讓你可以毫無負擔的一下子閱讀完畢，且看過之後就會做，並能深刻了解交易的方式。其中特別的是，讀完後可以直覺的發現，只要掌握住趨勢、掌握住關鍵價位，就可以操作，沒有高深的學問，只有進場與出場、持有與不持有、部位多與少的問題；不需要找一大堆資料的基本分析，也沒有時時盯盤的壓力，只要行情有趨勢就能獲利，即使是上班族、家庭主婦或公務人員，每天掌握住關鍵價位，在收盤前進場及出場，加上時間及耐心，就可以有不錯的獲利。

作為一個在交易市場多年的體驗者，本書以極具特色的角度來闡述交易基礎，值得一看，特此推薦。

金鼎證券　執行副總經理
劉懋楠

序言

　　我想寫一本只要看過就會操作的書。看過書，學會操作後，每年可望固定獲利20%以上，運氣好一點還可以增加至50%，甚至100%、200%；即使行情不好，也能不虧損、保有資本，為下一次的行情做準備。

　　我認識許多交易員，他們的確在市場上賺了大錢，有些甚至非業內的投資人士，但也能在很短的時間內累積大筆財富——也許是投資有方，又或者他們承擔了他人難以料想的巨大風險。不過大部分的投資人仍沒有一套真正的投資方法。

　　相信許多人都曾聽過幾次專家的演講、看過一些書，但是真的有人能輕易複製這些成功的經驗嗎？大部分都不行，因為還缺少了更難以取得的技術、經驗和天分。我將一些簡單實用且能獲利的方法寫了下來，希望能讓各位有一個看過就能輕易複製的交易方法。

　　很多年前就寫了這本書，但幾經修改，其他人看了仍覺得內容過於艱澀，翻了一頁就再也不想往下翻，於是我心想：與其運用過多的數學原理、數字以及文字來解釋進出場，不如使用簡單的圖型！在這個前提之下，我把很久以前在自營商時常用的方法以淺顯的方式表達，完全沒有困難的理論，只有簡單的方法，讓人能一目暸然，希望能讓大家很快的知道我所想傳達的內容；如果不甚暸

解，每個章節還附上題目，絕對能讓大家充分透澈本書！

書名為「關鍵價位」，內容雖含括進場方法、出場方式，但我較重視出場方式。出場代表將利潤快樂的入袋，但也有可能是不甘心的停損出場。無論結果為何，出場便意味著將決定權拿回自己手中，一個交易真正主權的宣示，所以書中說明出場的篇幅會比進場要來得多，因為出場比進場更為複雜，真正交易時也較為痛苦、困難，但這才是交易最需留意之處。

許多人看過交易的書後，一定會對進場躍躍欲試，但交易一定要有耐心，就算符合進場原則，結果也未必盡如人意。資金的管理可幫助控制風險，情緒的管理才可在在漫長的投資道路中屹立不搖，這些都是投資不可或缺的一環（第四章、第五章將加以說明）。

雖然書中大部分談的都是技術、技巧，但我希望的卻是達到心、技、體合一的境界（當然這需要不斷的累積與練習）。書中對交易手法的定義，我已力求簡單明瞭，但一定有未迨之處，也請各位見諒。

最後感謝本公司的顏涵苡小姐，多虧有她將我多次在各地講課中提及的重要內容記錄下來，本書才能順利付梓。在此也預祝各位讀者投資順利。

前言

　　台灣的股市與期市交易興盛，吸引越來越多投資人進入這個市場，而每個投資人最想知道的就是「如何在股市、期市中賺到錢」、「如何創造更多的財富」，故產生對交易知識的需求。為了找尋成功的方法，許多人開始閱讀財經報紙、與親朋好友討論、學習技術分析或是加入昂貴的投顧課程聽取明牌……等。在資訊來源如此紊亂的情況下，如何於「選擇」的同時兼顧「準確性」就成為一個很重要的課題。

　　本書分為五個主題，針對最基礎卻又最重要、交易人不可不知的內容介紹，不論是初入市場或者正在市場學習的投資人，都期望能以正確的觀念為導引，讓大家在股市、期市的操作更順利，賺進更多財富。

　　本書綱要如下：

第一章、基本知識——技術分析（包含K線、趨勢）、交易觀念

第二章、進場方式——順勢、突破及回檔買進

第三章、出場方式——未創新高及追蹤停損

第四章、資金管理

第五章、自我情緒管理

為了強調實作的重要性，以及訓練大家在市場上的實戰能力，本書於每個章節最後附上練習題，請大家將學習到的知識融會貫通後，精準的運用在股票與期貨市場上，在機會來臨時，賺取更大利潤。

目錄

Note

交易員知道,趨勢才是你最好的朋友,而關鍵價位決定了趨勢;
到了關鍵價位,某些走勢你以為是偶然,其實都是必然。

能在市場上賺錢,依靠的並不是交易技術,而是「順勢而為」,
也就是跟隨趨勢。聽起來像老生常談,但事實就是如此。

 第一章、基本知識

關鍵價位

技術分析

　　很多人學習技術分析，往往在投注心力研究複雜的型態或技術指標，並且迫不及待投入市場交易；殊不知型態、指標何其多。常聽到的型態就有「頭肩頂（底）」、「三角整理」、「旗型」、「楔型」……等，而指標的種類更是琳瑯滿目，較為熟悉的有MA（移動平均線）、MACD（平滑異同移動平均線）、KD（隨機指標）、DMI（趨向指標）、SAR（拋物線轉向指標）……等。進入市場後才發現大量的技術指標並非獲利保證，因為接觸到的資訊實在太令人眼花瞭亂，在運用了多種技術指標之後，反倒會造成一些矛盾。例如使用MA分析為黃金交叉但此時KD卻呈現向下交叉，這時候應該買進還是賣出？又或是由型態判別應放空，技術指標卻顯示應買進，此時又該如何抉擇？

　　我們幾乎忘記了學習技術指標的目的，**其實答案很簡單：為了在市場上賺錢。**

　　我們必須釐清學習技術指標的目的是為了決策，並不是為了驗證過去的走勢，若要在實戰時提升操作的準確度，就更需建立正確的交易觀念。K線與趨勢就是最基礎、最重要的部分，因此我們在第一個章節介紹它。

● K線

1. 一根K線的組成

我們知道每根K線都是固定的，由一段區間內的開盤價、最高價、最低價及收盤價共四個數字組成，現在我們把它用圖描繪出來。

想像一個垂直座標軸上面有四個數字，分別代表當天開、高、低、收的價格。最高價與最低價必定會在軸上最高點與最低點的位置，那開盤價與收盤價又該被放在哪裡呢？

依據當天市場上的價格波動（多、空方的買賣狀況），會產生不同的開、高、低、收，我們將開盤價高於收盤價時產生的K線稱為黑K，收盤價高於開盤價時產生的K線稱為紅K。

K線圖的理論來源：

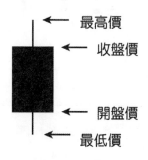

▶圖1-1 收盤價高於開盤價是紅K線

關鍵價位

　　舉兩個實例如下，

(1)這是2009/12/31的K線：

　　開盤價：8106

　　最高價：8205

　　最低價：8105

　　收盤價：8201

　　當天收盤價8201高於開盤價8106，故為紅K，代表當天價位的上漲趨勢。

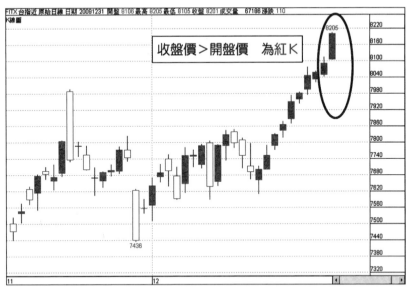

▶圖1-2 2009年11月～12月台灣加權股價指數期貨走勢圖

(2)這是2009/12/10的K線：

　　開盤價：7799

　　最高價：7807

　　最低價：7590

　　收盤價：7639

　　當天開盤價高於收盤價，為黑K，代表當天價位的下跌趨勢。

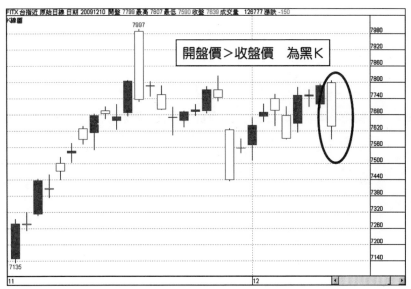

▶圖1-3 2009年11月～12月台灣加權股價指數期貨走勢圖

　　每張走勢圖都是由一根根的K線組成，每根K線因其開盤價、最高價、最低價、收盤價不同而形成不同的型態，但不論型態如

關鍵價位

何改變，只要運用上述原則，皆可將當天的K線分為紅K或黑K，並以此判斷一天的漲跌狀況。

拜資訊發達之賜，現在我們不用真的拿出紙筆將每筆開高低收的資料畫成一根根K線，而是由看盤軟體代勞。只要打開電腦走勢圖，當天的走勢即一目了然，雖然我們可以利用電腦查價輕鬆了解每一根K線開、高、低、收的狀況，但我們仍需了解K線的組成方式，因為這是技術分析的基礎。

2. 走勢圖繪製

你知道走勢圖是如何組成的嗎？答案：由一根根K棒所組成的。只要把每段區間內許多具有開（開盤價）、高（最高價）、低（最低價）、收（收盤價）四個價格的K線加合在一起，就成為我們常見的走勢圖。

圖1-4即為2010年4月至2010年5月11日連續28根日K線組成的走勢圖，故可知走勢圖是由連續的K線所組合而成。

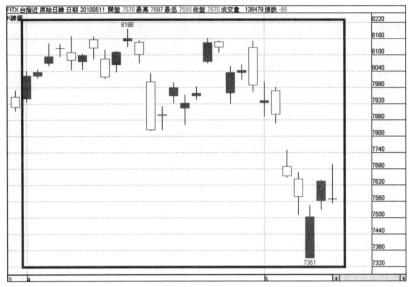

▶圖1-4 2010年4月～2010年5月，28根K線組成之走勢圖

　　而上述提及的「一段區間」，代表一段時間內連續價格的走勢，用以判斷未來的依據，可依時間的長短分為：

　　1TicK→1分鐘→3分鐘→5分鐘→15分鐘→30分鐘→60分鐘→日→週→月→年

以下圖為例：

　　2010/05/11台指近走勢，每天交易時間是早上8:45～13:45，共5個小時，可以觀察圖1-5的當日走勢圖。這走勢圖是由1分鐘K線組成的，總共有300根1分鐘線，如果看不習慣，也可改成圖1-6的1分鐘線走勢圖。

關鍵價位

▶圖1-5 台灣加權股價指數期貨2010年5月11日當日走勢圖

▶圖1-6 2010年5月11日台灣加權股價指數期貨1分鐘線走勢圖

　　若我們將圖1-5的第一個開盤價、當日最高價、當日最低價及最後一個收盤價用一根K線表示，這根K線就是我們所稱的日K線（見圖1-7）。如此就可以很清楚的讓使用者知道當天是漲還是跌，當天最高價、最低價、開盤價及收盤價到底是什麼價位。

▶圖1-7　日線：由當天第一根分時K線的開盤價（開）、最後一根分時K線的收盤價（收）、當天最高價（高）與當天最低價（低）組成。

關鍵價位

30分鐘線則是由每30分鐘產生一次的開、高、低、收所繪成，亦即每30分鐘產生一根K線，見圖1-8。台指期每天交易時間共5小時，因此會產生10根K線。

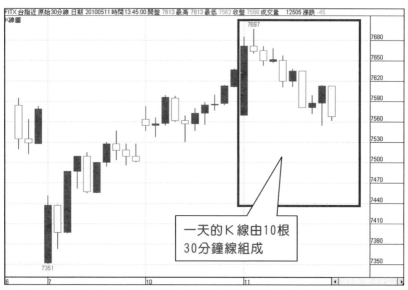

FITX台指近 原始30分線 日期 20100511 時間 13:45:00 開盤 7613 最高 7613 最低 7562 收盤 7568 成交量 12505 漲跌 -45

一天的K線由10根30分鐘線組成

▶圖1-8 2010年5月11日台灣加權股價指數期貨30分鐘線走勢圖

　　5分鐘線則是由每5分鐘產生一次的開、高、低、收,所繪製而成,亦即每5分鐘會產生一根K線,見圖1-9。台指期每天交易時間共5小時,因此會產生60根K線。

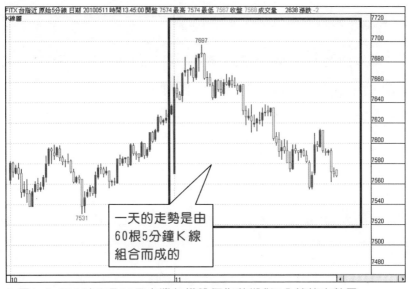

▶圖1-9 2010年5月11日台灣加權股價指數期貨5分鐘線走勢圖

　　以此類推,一週的走勢若以一根週線表示,則由5根日線組成;一個月的走勢若以一根月線表示,則由4~5根週線組成。

　　如此大家都可以理解每天的成交價格是如何形成1分鐘K線、5分鐘K線、30分鐘K線、日線、週線及月線了。

關鍵價位

3. K線的型態

你是否曾經觀察走勢圖中的K線？在上一節中，我們已經學會將每根K線分為紅K或黑K，但你可能會感到困惑：「為什麼這些K線在走勢圖中仍有些許差異呢」？

如同前述，市場每天依投資人的買賣狀況，造成不同的價格變動，由供需決定價格。想要買進股票或期貨的投資人增加，但想賣出的投資人並未增加時，成交價就會提高；反之，價格就會降低。也就是說，依據當天市場上競爭的激烈情況，就可能讓每根K線的型態有所不同。

一般看到的K線，除了K線實體之外還有上影線與下影線，如圖：

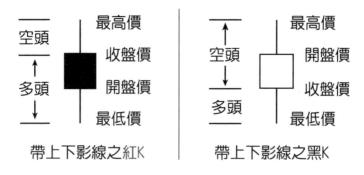

▶圖1-10 K線的實體與上下影線

每根K線的實體長度不同，上、下影線的長度也不同，因此

許多投資人開始探討不同型態組合的含意。此部分不在本書討論
範圍，因這些型態仍具有許多不確定性，對於真實交易的幫助有
限，所以我們直接將主題導向最重要的部分，也就是「趨勢」。

🗨 趨勢

討論這個主題之前，讓我們先來想一想，什麼是趨勢？要如
何運用趨勢呢？

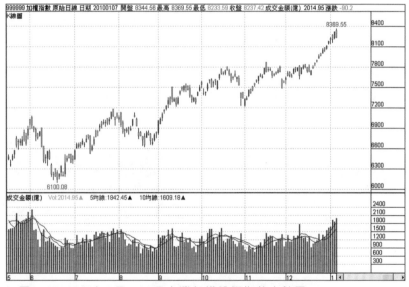

▶圖1-11 2009年5月～12月台灣加權股價指數走勢圖

從上圖除了看到每天K線的變化（紅K漲、黑K跌）之外，仔
細觀察還能發現：這些K線的走勢有時會形成明確的方向性（即

關鍵價位

所謂的趨勢）。如圖1-11可以發現過去半年的走勢，指數有愈來愈高的情況，愈早發現這個情況，應當愈有助於判斷行情的走向。此章節將介紹如何判斷不同的趨勢、趨勢的含意以及如何運用趨勢做交易。

1. 趨勢的定義

無論行情走勢如何變化，價格的波動皆會造成K線型態的不同，這些波段是有方向的，我們稱為「波」。當波朝向不同方向時，我們就必須判斷其代表的含意。這些波組成的趨勢可分為三類：

(1)上升趨勢

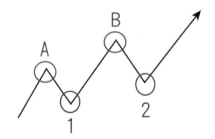

K線的組合在走勢中：
符合 底比底高 2＞1
而且 頂比頂高 B＞A

▶圖1-12 上升趨勢簡單圖示，B＞A且2＞1。

▶圖1-13 仁寶（2324）2009年3月～11月走勢圖

　　從圖1-13中可以明顯發現，仁寶在2009年3月～11月有很明確的上升趨勢，因為每一個波頂都比前一個波頂高，每一個波底也比先前的波底高，無庸置疑的是一個上升趨勢。

關鍵價位

(2)下降趨勢

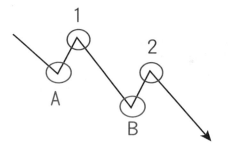

K線的組合在走勢中：
符合 頂比頂低 2＜1
而且 底比底低 B＜A

▶圖1-14　下降趨勢簡單圖示，圖中1＞2且A＞B。

▶圖1-15　2009年7月～9月友達（2409）走勢圖

　　從上圖可以明顯的看出，友達在當時的走勢確實偏向跌勢，
是一個十分明顯的下降趨勢，因為每一波的高點和低點都愈
來愈低。

(3) 橫盤整理

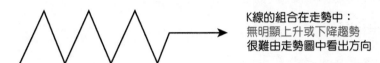

K線的組合在走勢中：
無明顯上升或下降趨勢
很難由走勢圖中看出方向

▶圖1-16 橫盤整理簡單圖示，圖中波的高低點排列並不明確。

▶圖1-17 2009年5月～12月卜蜂（1215）走勢圖

　　從圖中可以發現2009年5月～12月，8個月過去了，但卜蜂的價格沒有明顯朝某一個固定方向走，沒有愈漲愈高，也沒有愈跌愈低，趨勢並不明顯。通常這樣走勢的個股在交易上比較難切入，也較難在一個波段中賺到較大的金額，反而是來來回回買進賣出較佳，但我們不太建議長期做這樣的交易。

關鍵價位

2. 趨勢的重要性

為什麼需要趨勢？就如同在迷霧中我們需要找尋方向、人生中需要被指引到正確的目標，當然在市場中也需要趨勢來協助我們達成賺錢的目的。

既然趨勢這麼重要，那我們便得努力瞭解它的特性，並學會判別它，因此我們需要知道趨勢是為了能夠**1. 判斷方向**、**2. 順勢交易**。

順勢交易是指：

> 行情顯示此段趨勢為向上時，應等待時機進場**作多**；
>
> 行情顯示此段趨勢為向下時，應等待時機進場**作空**。

投資人經常會犯的錯誤就是：**接收訊息的來源太多，雖已判斷目前趨勢，卻一再猶豫不敢進場，而錯過時機！**

以下都是真實發生的例子，你是否也曾有過這些念頭呢？

* **NG!** 有些投資人判斷出目前為上漲趨勢，但卻不敢進場，等到一個月後，發現價格漲得更高了，又擔心會下跌，就開始準備放空。

* **原因** 此種作法違反了原始的順勢交易原則（亦即在漲勢中應作多），但投資人卻因為價格太高而選擇逆勢操作，反倒大幅提高了部位的風險。

❊ **NG!** 有些投資人也可能因為價格劇烈變動而逆勢操作，例如：A股票股價由60元跌至30元，依據順勢交易原則，我們應選擇作空；但卻有些投資人認為目前跌太多，預期股價會漲，反而選擇進場作多。

❊ **原因** 逆勢操作往往隱含了極大風險，且不易控制損失，若運氣不好遇到大跌，則可能被套牢；實際使用上又不比順勢交易容易賺到錢、賺得多。

看完以上例子，你是否有些想法？

很重要的一點是： 學會判斷趨勢後，我們必須時時提醒自己要在順勢的時候才進場做交易。若妄想賣高買低，反而會大幅提升風險、造成更多的錯誤結果罷了！

3. 判斷趨勢是否已改變

以上升趨勢為例，行情跌破前一低點則代表趨勢改變。

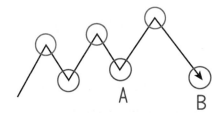

K線的組合在走勢中：
因為B＜A
不符合上升趨勢定義
所以目前的上升趨勢已改變

▶圖1-18 判斷趨勢是否已經改變

關鍵價位

❗ 必須探討的是：趨勢改變就代表一定會造成下跌嗎？

　　事實上，盤勢還是充滿了不確定性，盤勢改變有可能是在醞釀下一波上漲，也可能轉變為下跌或盤整，如圖：

趨勢改變可能為
下一波上漲

趨勢改變可能
造成下跌

趨勢改變可能
變成盤整

▶圖1-19 趨勢可能改變的後續變化

❗ 對於盤勢的不確定性，我們可運用價量趨勢作為確認方式，並關注盤勢的變化過程以及手中持有部位，在確定方向改變時，迅速調整策略。例如已確定改變成下降趨勢：

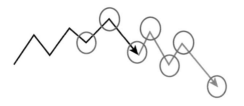

K線的組合在走勢中：
因為符合 頂比頂低
而且 底比底低
趨勢已明顯改變為下降趨勢

▶圖1-20 上升趨勢轉變為下降趨勢

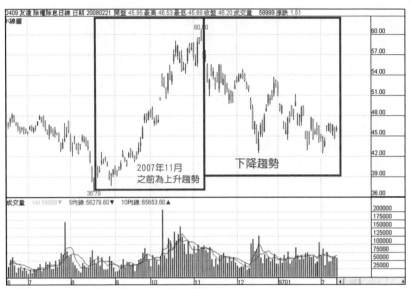

▶圖1-21 2007年8月～2008年3月友達（2409）走勢圖

　　友達在2007年11月之前，價格呈現一波比一波高的走勢，但在11月拉回整理後，價位就不再創新高了。不僅如此，之後兩個月的價格不斷破底，直到價格守穩趨勢才似乎又有意轉向。

關鍵價位

4. 有了趨勢，還需要確定格局

　　學了趨勢後，若和朋友同事討論，一定會發現：明明是同一張走勢圖，為什麼兩人卻對漲跌分析不同呢？如果你有這些困惑，或許是來自你們對「交易格局」的描述不同。

例：在2010年3月5日A.M.9:50時，指數開始修正，出現一個約1.5小時的向下「趨勢」，若僅觀察5分鐘K線有下降趨勢→作空。

▶圖1-22 2010年3月5日台灣加權股價指數期貨5分鐘線走勢圖

　　但是若從更大的格局來觀察，例如使用30分鐘線觀察（圖1-23），你可以發現，在3月5日A.M. 9:50出現的下降趨勢，在

較長時間的K線上趨勢根本沒有改變，它不過是在這幾天的行情中休息了1.5個小時，僅僅是上漲趨勢的修正回檔，若只憑此方式進出的話，除非技術過人，否則時間極短又不易賺到利潤。

▶圖1-23 2010年2月26日～2010年3月11日30分鐘線期指走勢圖

因此，我們不但要順勢操作，還要在交易的格局內操作；要清楚分辨自己是在哪種格局下交易以及需要如何判斷。

關鍵價位

1. 對使用1分線看盤的投資人而言，建議操作當天的走勢來判斷多、空1～4次。

2. 對使用5分線看盤的投資人而言，建議操作當天的走勢並判斷多、空。

3. 對使用30分線看盤的投資人而言，建議操作最近一至二週的走勢並判斷多、空。

4. 對使用日線看盤的投資人而言，建議操作最近一季的走勢並判斷多、空。

5. 對使用週線看盤的投資人而言，建議操作最近一至兩年的走勢並判斷多、空。

6. 對使用月線看盤的投資人而言，建議操作最近五年的走勢並判斷多、空。

　　除了交易的格局，我們也得確認交易的節奏，但大前提是：「我們必須以大趨勢為主」。例：長線為上升趨勢時適合作多，但若最短線趨勢與主趨勢相反，仍應以大趨勢為主。若以週線作為交易判斷，當週線翻多、日線翻空時，則需等待日線翻多才是真的作多點。交易上的回檔買進是以較大的趨勢為主，待次級的相反趨勢結束時即可買進。

🔔 應在多頭趨勢的回檔結束時買進。

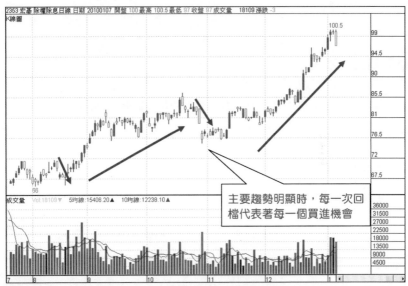

主要趨勢明顯時，每一次回檔代表著每一個買進機會

▶圖1-24 宏碁（2353）2009年7月～12月走勢圖

關鍵價位

重要交易觀念

一 順勢交易

在上升趨勢時，只作多不作空；在下降趨勢時，只作空不作多。

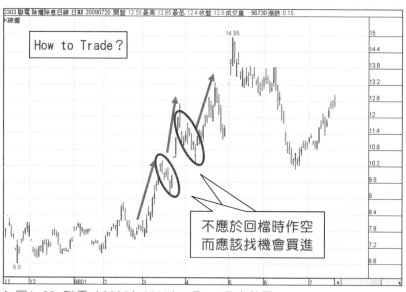

▶圖1-25 聯電（2303）2009年1月～7月走勢圖

🗨 並非每次交易都能賺錢

無論是再好的策略，都無法100%保證獲利。讓我們來做個實驗：

假設我們每天都作一口期貨賺取20點，獲利：$200×20＝$4000。

一個月約有20個交易日，因此我們共計賺得：$4000×20＝$80000。

若是每次交易都真能如此賺錢，那我們必將所有賺得的財富投入，擴大目前的部位，隨著部位的倍數成長，一年內達到上萬口的交易量，這樣每天都會有數千萬入袋，短時間內我們便能擁有全世界的財富——哇！真好！但為什麼沒有人這麼做呢？**因為真實的交易是有賺有賠的！**

因此，我們才需要控制部位的風險，活用重要的交易觀念，以降低虧損提高獲利！

關鍵價位

📣 建立交易的節奏

既然真實的市場不可能有只賺不賠的交易,那麼我們就必須思考如何調整交易的節奏,讓最後的損益加總是賺錢的。比較好的建議是循著以下節奏:

小賺→小賠→小賺→小賠→**大賺**→小賺→小賠→**大賺**……

觀察上述的交易方式,即是靠著良好的風險管理,讓小賺小賠抵消後,仍有幾次大賺可以增加獲利,但**在部位風險過大時,應忍痛停損,切勿出現大賠!**

❗ 我們應該將賺賠比率設定為2:1或3:1(即大賺小賠的模式)。

或許你也曾這麼想:「今天以\$60買進台積電(2330),第二天價格漲到\$61,賺了\$1元,但擔心股價又跌回\$60,還是趕快出場好了!」、「今天以\$60買入某股,但最近行情走跌,過了幾天後再看,股價已經跌到\$50,好像不會漲回來了,還是忍痛賣出好了……。」還記得剛剛提及的賺賠比率嗎?**我們應該將賺賠比率設定為2:1或3:1,而不是像上面的例子一樣,每次都賺1元、賠10元;如果賺十次才能抵一次虧損,那麼沒有九成**

以上的獲勝率是根本賺不到錢的，因為賺賠比為1：10。

但真正進入市場後，很多人卻是以大賠小賺的相反模式運作，賺了一點點就想趕快了結獲利，賠錢卻是以「受不了」作為出場依據，等到被套牢時才開始後悔。其實這一切都可以從**交易習慣開始**，必須下定決心去改變自己的心態，努力克服人性的弱點，告訴自己堅持大賺小賠的原則，告訴自己一定要做到！只要能夠如此，你的交易模式就會開始有所不同！

四 停損真的很重要

懂得運用停損的人才能將交易決定權拿回手中！

有許多人認為，既然賺賠是無法掌控的，不如就將自己的命運交給市場決定，殊不知我們可以藉由掌握進、出場時機來控制賺賠的比例。而運用於出場的方法就是**停損**，就算是非虧損出場，亦要在行情不利時做停利。我們可以藉由控制資金管理與部位的擴大或縮小將交易的決定權拿回自己手上！

> 不論你是股票或期貨的交易者，都有三件最重要的事：
> 1. 停損、2. 停損、3. 還是停損。

關鍵價位

五 不要攤平交易

逆向操作風險大，攤平後若行情繼續走跌，則損失慘重！

攤平交易是在趨勢仍為跌向時「買進」，且因買進後續跌，則又分別在B點與C點處買進價位較低的股票或期貨以攤平成本。但若盤勢續跌，將會造成很大的損失！

▶圖1-26 攤平交易簡單圖示

💡 順勢交易才是穩定獲利的基礎！

💡 資金管理的方式：（於第四章會詳細介紹）

1. 將資金投入交易後，有賺錢才能再加碼。

2. 不持有太多股票，建議在5檔以內。

　　市場上有太多投資人用沒有效率的方式做投資，甚至是衝動性購買，導致資金無法靈活運用。因此，首要之事就是改變交易習慣，不斷的判斷與檢討，**將手邊過多的持股**，**留強汰弱**，留下較強勢股，賣出弱勢股。若是沒有將股票淘汰至5檔以內的決心，花費心力照顧過多的較弱勢股票，將會導致資金運用不良，猶豫的結果就是讓自己平白失去許多賺錢的機會啦！

六 不短線操作、不過度交易

交易次數多則交易成本高,要高獲利才能彌補!

許多投資人學會操作後,便想將策略運用在短線操作上獲取利潤,但必須注意是否符合交易原則,因為過多的交易次數會使交易成本大幅提高,進而壓縮獲利。

例:操作股票的交易成本,假設沒有手續費,稅率為千分之3,一年365天中約有265天交易日,若實際交易100次,則須繳納:

$$100 \times (3/1000) = 3/10 \text{(亦即30\%的稅)}$$

隱含:報酬率若未超過30%,則今年交易就是虧本交易!

因此我們不應做太短線交易,也不應過度交易!

七 交易是需要實作才會進步的

交易需要專注、練習、每天記錄與不斷的反省。

聽了實用的課程、跟隨好的老師是否就能夠成功了呢？很多人都有這樣的錯誤觀念，但是結果並不盡然如此，因為**交易並不是件容易的事**。交易者就如同其他需要專注力的行業之從業人員，例如醫生、陶藝家、網球選手……等，培育優秀的醫生不只要經過大學七年的課程訓練，更需要實作增加經驗，能救活病人才會被稱為德心仁術的好醫生；交易員也是！市場瞬息萬變，並非看了許多技術分析的書或是回測許多歷史資料就一定能在真實的市場上賺錢，還需要經過**不斷的練習與檢討，才能提升實力並掌握趨勢**；另外在交易失利時，更需要有高EQ，立即停損才能將損害降到最低。

交易要進步，就不能害怕失敗！要一次次練習並記錄結果，且不可一錯再錯！

練習題

1 下圖是金鼎證券（6012）當日走勢圖，你能看著當日走勢圖畫出它的日K線圖嗎？

開：10.95元、高：10.95元、低：10.45元、收：10.70元

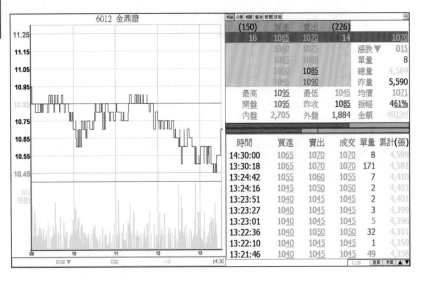

▶附圖1-1 2009年1月7日金鼎證當日走勢圖

關鍵價位

解答1：

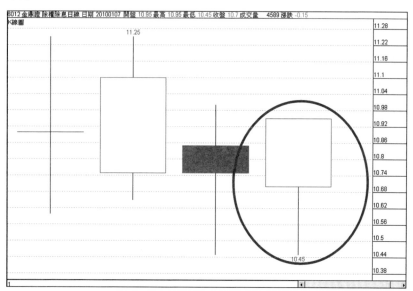

▶附圖1-2 金鼎證2010年1月5日～1月7日K線圖

2 這是2010年4月26日台灣加權股價指數期貨走勢圖，你能用5分鐘的K線想像日K線的型態嗎？

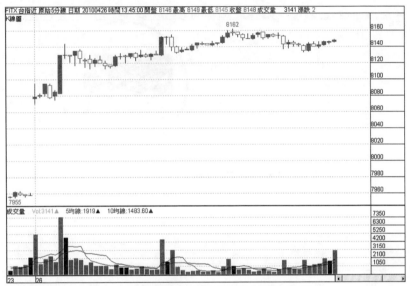

▶附圖1-3　2010年台灣加權股價期貨5分鐘走勢圖

關鍵價位

解答2：

為一明顯的長紅日K線圖

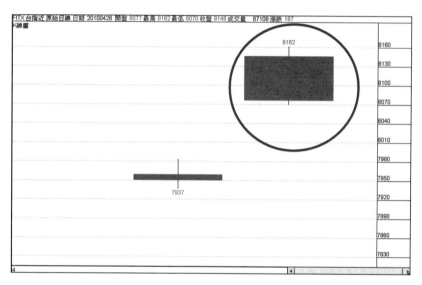

FITX台指近 原始日線 日期 20100426 開盤 8077 最高 8162 最低 8070 收盤 8146 成交量 87108 漲跌 187
K線圖

▶附圖1-4 台灣加權股價指數期貨2010年4月25日～4月26日之K線圖

　　我們常常會需要一個擴大視野的觀察方式，例如週五時，你看了過去5天的K線，是不是可以想像本週的週K線是什麼樣的型態？如果今天是月底，你看了過去20個交易日，是否能想像本月的月K線是什麼樣子？倘若具有這樣的觀察能力，未來在審視股票時，就能常看到別人看不到的地方。

3 這是一個什麼樣的趨勢？上升還是下降？從哪兒看出來？

▶附圖1-5 台灣加權股價指數期貨2009年12月14日～12月25日之走勢圖

關鍵價位

解答3：

　　明顯上升趨勢

▶附圖1-6）台灣加權股價指數期貨2009年12月20日至12月31日之走勢圖

4中信金（2891）的走勢是什麼樣的走勢？上升趨勢或是下降趨勢？

▶附圖1-7 中信金2009年7月～12月日線走勢圖

關鍵價位

解答4：

　　2009年10月份開始的下降走勢，在12月中旬的A點（低點）沒有比C點低，再加上12月下旬，中信金的股價已經漲過了B點的高度，故原先的下降趨勢已經改變了。但以更大的格局來看，價格需漲過22.5元的10月份高點，更長的趨勢才會改變。

▶附圖1-8　中信金2009年7月至12月之走勢圖

第二章、進場方式

關鍵價位

交易的方法有很多，但怎麼做才能使你成功呢？在一場成功的交易中，若我們把滿分訂為10分，那麼進場的方式便掌控了整場交易成敗的1／10。或許你會想，「啥？每天這麼努力盯盤研究的進場點，只佔了整體重要性的1分？」請不要對這1／10感到失望，由於它佔的比例並不高，往往有許多細節容易被忽略。

「進場為何重要」或是「為什麼不重要」這兩個問題的答案都不是固定的，你的**交易頻率**決定了進場方式的重要性。

越短線的交易，進場方式所佔的重要程度越高！

現今的期貨市場上，許多以當沖為主的投機客皆以極短線的交易為主，設定進場賺得5～10點後即出場。在賺賠的即時壓力下，選擇一個好的進場點等於是掌握了成功的契機。

越長線的交易，出場方式所佔的重要性大幅提升！

對股票市場或做期貨波段交易的投資人而言，中長線交易有隔夜部位的風險，需承受較大的波段變化，短期內受到隨機情況的影響也愈大。做對邊可能獲利豐厚；做錯邊可能面臨風險加大的命運，所以一個好的出場點決定你在市場裡存活時間的長短，也決定了長期獲利的因素。

很多人聽到坊間的小道消息就躍躍欲試，以為找到好的進場

點就等於擁有交易的聖盃，可以在股市、期市中大賺一票；卻不知進出場點都是很重要的，忽略任何一項就難以在市場上獲利，等到盲點出現被困住了，甚至是被套牢，才開始後悔莫及。**這樣不是很可惜嗎？**

因此我們在第二章及第三章的篇幅中，分別介紹了進場方式與出場方式，希望給予大家正確的觀念，並把這部分當成基本功來練習，將進、出場的要訣加以熟悉！

Tip：

符合底比底高且頂比頂高　上升趨勢形成，為買進（作多）時機。

符合頂比頂低且底比底低　下降趨勢形成，為賣出（作空）時機。

由於第一章我們學習了趨勢的定義及如何順勢操作，本章將延續上一章的基本概念，介紹進場方式。

關鍵價位

趨勢改變時進場

優點

　　確認新趨勢形成後再進場。由於趨勢已經轉變，通常風險較低，並可於走勢圖中，明確知悉進場點。

缺點

　　較高的買進價位可能對投資人造成心理壓力，因而不敢進場，最後痛失進場機會，是大家最常犯的毛病。

例：股票——宏碁（2353）

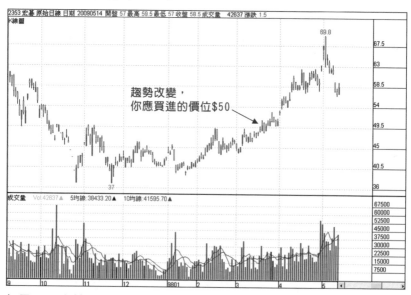

▶圖2-1　宏碁2008年9月～2009年5月走勢圖

　　當你發現趨勢改變時，如宏碁的價格從2008年11月最低價37元漲到近50元了，許多投資人會想：「當初在37元甚至40元時沒有買進，如今買在50元的價位叫我情何以堪？我為何要替那些低價買進的人抬轎子？我應該要買『還沒有開始漲』的股票。」

這樣的想法可能使得投資人錯失一個波段行情！

為何大多數人無法在趨勢確認後馬上進場？

　　運用此方法實際買進的價位並非在最低點。重點是趨勢確認後進場並無法保證100%獲利，上升（下降）趨勢不知是否能延續？若行情反向即會造成想像中較大的虧損。這樣的心理壓力使大多數人無法在趨勢確認後馬上進場，錯失一個波段機會。

　　雖然我們已將趨勢改變時進場的方式講得很明確，但大多數人聽起來仍然覺得模糊，我們更詳細說明：

關鍵價位

⚁ 在上升趨勢時

我們觀察商品或股票價格，在上升趨勢形成後進場買進（作多）。

例：股票——金鼎證（6012）

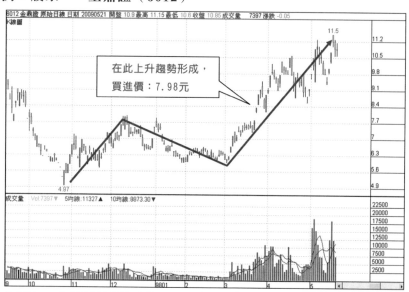

在此上升趨勢形成，
買進價：7.98元

▶圖2-2　金鼎證2008年9月～2009年5月走勢圖

但是股價實際在變動時，大部分的人沒有辦法一下子就對趨勢做判斷，因為股價每天漲漲跌跌，用K線圖來看似乎非常不規則，於是為了交易方便及容易判斷，**實務上採取雙重確認的方式：**

1. 股價、指數行情在季線（60日線）之上。

2. 趨勢上升，突破先前穿越季線走勢之高點，即可確認為**偏多**
   行情，可於底部翻揚時買進。

　　在一般實務上，以雙重確認的方式確認目前為**偏多**行情後，
進場的時機即可一目了然，亦可將趨勢改變與否所造成的影響降
低，這是較為保險做法，**但也可能造成較高買進價位！**

　　在交易上買進價位的高低並非重點，重點是：會不會賺錢？
由於趨勢剛開始形成時走勢較弱，行進中走勢較強，所以在趨勢
行進中雙重確認**買進**策略，成功率便會大幅提升！

例：期貨──台指近

▶圖2-3 台灣加權股價指數期貨2008年9月～2009年5月走勢圖

關鍵價位

但期貨比較少用這樣的原則進場，因為期貨是使用槓桿交易，停損太遠或持有時間太長都會對交易者造成莫大的壓力，而且使用此方式，部位也不可能太大。

在股票上使用此方式，可以時常精確的掌握到波段行情，如下圖金鼎證（6012）在2009年買進後，二週內即有20%以上利潤。

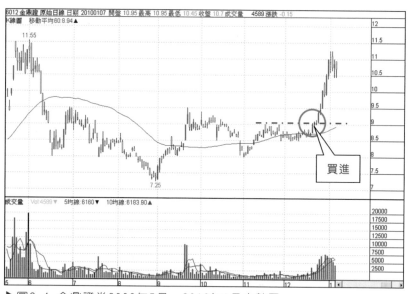

▶圖2-4　金鼎證券2009年5月～2010年1月走勢圖

我們再來看一個例子，若無均線的輔助，鴻海（2317）的價位哪個是買點？直接判斷趨勢對許多人而言可能沒那麼容易。

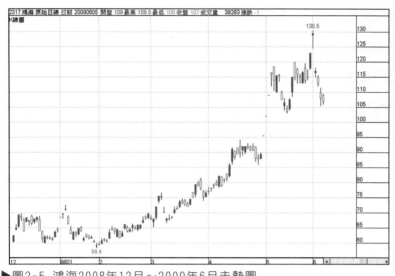

▶圖2-5　鴻海2008年12月～2009年6月走勢圖

　　但根據雙重確認的看法來操作（下圖），一切都變得很清楚，

何時是我們定義的趨勢改變及可以進場的價位，都一目了然。

2009年2月16
日買進

▶圖2-6　鴻海於2008年12月～2009年6月之走勢圖

關鍵價位

　　許多商品（如股票）都有這樣的情況：掌握住趨勢的改變後，於形成另外一個趨勢時進場，通常都可以得到不錯的結果，而且若接下來的趨勢能有效的延續，那你就可以坐享趨勢賺錢。

　　季線以上再突破的雙重確認，我在此再明確的定義一下，以免許多人對此交易仍有不明白之處。

原則：

1. 先前的走勢要在季線以下或回落碰到季線。

2. 季線以上是指當根K線收盤價比季線高，這才叫做站上。

3. 被突破的高點（關鍵價位）必須符合「前三天及後三天的最高價均比關鍵價位低」。

4. 符合以上三個條件的價位，我們通稱為波段買進關鍵價位。

5. 停損（認錯點）可暫時設在關鍵價位與進場價位之間的最低點。

　　圖2-7可以發現2009年10月中旬的高點（方框A處）並非我們要觀察的波段關鍵價位，因為它的收盤價並沒有「站上」季線；反而2009年11月17日的反彈高點32.4元（圓圈B處）是我們要觀察是否會被突破的價位。

　　六個交易日後，友達（2409）越過關鍵價位(B點)，這時就

是定義的買入時機（C點）。由於盤中根本沒有太多的時間決定
「現在要不要買」這件事，所以我們希望等「確定」突破關鍵價
位時再買進。

▶圖2-7　友達在2009年8月～2010年1月走勢圖

　　我們再看一些例子，是否會造成誤判進場點，或根本無法判
斷進場價位為何？

關鍵價位

▶圖2-8　南亞2009年10月～2010年1月走勢圖

1. 2009年12月15日（A點）之前，指數連續二天碰到季線，符合我們可以參考進場的第一個原則。且A日的前三天最高價及後三天最低價均低於A日的最高價，符合我們的第三個原則。

2. 到了2009年12月23日（B點），南亞價格雖突破A日的高點，但收盤沒站上，故非買進日。12月24日（C點）收盤站上A日高點才符合了第二個原則，收盤價突破波段買進關鍵價位。

3. 停損出場點為關鍵價位（A點）與進場點（C點）之間的低點，南亞A點時的價位為56.9元，之後最高來到65.5元，漲幅15.1%。

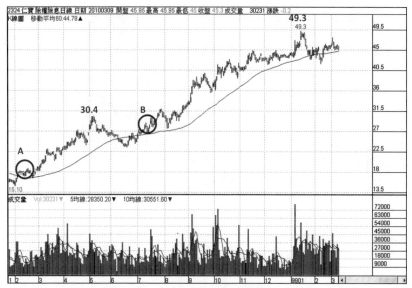

▶圖2-9 仁寶2009年1月～2010年3月走勢圖

1. 這個圖故意放小一點，目的是為了讓讀者觀察到2009年仁寶有二個關鍵價位（圓圈處），分別是2009年2月9日的18.29元（A點）與2009年7月2日的27.36元（B點）。

2. 2009年第一次突破關鍵價位漲到5月7日的30.4元，漲幅達66.7%。

3. 2009年第二次突破關鍵價位漲到2010年1月14日的49.3元，漲幅80.2%。

關鍵價位

我們再多看一些例子：

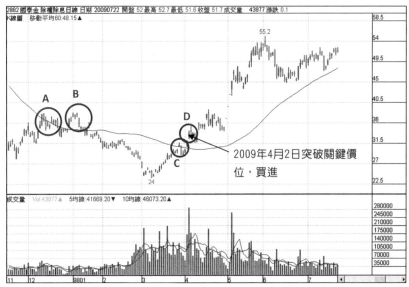

▶圖2-10 國泰金2008年11月～2009年7月走勢圖

1. 2008年金融海嘯之後，國泰金12月曾經產生一個買進關鍵價位38.2元（A點），但接下來B點附近的收盤價，未有任一價格比38.2高，故沒有進場訊號。

2. 2009年3月27日又產生一個關鍵價位31.75元（C點）。

3. 四天後，2009年4月2日產生買進訊號，故買進國泰金。

4. 國泰金關鍵價位31.75元至6月2日波段最高點55.2元，漲幅達73.9%。

▶圖2-11　長榮2008年10月～2009年6月走勢圖

1. 有些個股走勢較為震盪，不易產生關鍵價位，雖然找到關鍵
   價位15.85元（A點），但接下來走勢震盪是否能有效持有部
   位是一個問題！

2. 雖然波動較為震盪，但關鍵價位15.85元至波段最高20.75
   元，漲幅仍有30.9％。

關鍵價位

▶圖2-12 鴻海2008年12月～2009年12月權值還原走勢圖

1. 鴻海表現得還不錯，2009年有兩個關鍵買進價位產生且被觸發。

2. 第一次是在2009年2月9日的56.64元（未還原權值之價格為65.7元），直至6月2日波段最高點118元（未還原權值之價格為130.5元），漲幅達108.3%。

3. 第二次在2009年8月24日的110.5元，至2010年1月5日波段最高點155.5元，漲幅40.7%。

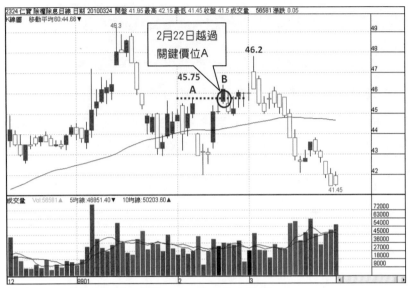

▶圖2-13 仁寶2009年12月～2010年3月走勢圖

1. 當然也有走勢不如預期的情況出現，如仁寶在2010年2月22日（B點）突破關鍵價位（A點），但距最高點46.2元僅1%。

2. 2010年3月過後，大盤開始反彈，但仁寶不漲反跌，成為盤面最弱的股票之一，這時理應及早停損出場。出場請參考下一章節（除了關鍵價位與進場點間低點以外的出場方式）。

3. 並非每次進場都能大賺離場，在行情不對時，減少損失將會是最好的交易決定。

　　當然，此種方式我們會在確認趨勢後才進場，故投資人會覺得進場時的價位「偏高」，這種人性的弱點，我們一定要想辦法摒除、降低。股市名人陳進郎先生曾說：「讓我賺最多的股票，

關鍵價位

都不是買在最低點，往往是在相對高價時買進的股票。」

　　所謂的高價或低價，都是你對該股的記憶價格，我們稱為「定錨效應」。例如：某投資人在2006年曾經買過友達的股票，價格最低在40元附近（當年友達曾在40元～56元區間波動長達二年半的時間，2007年11月最高曾漲到72.5元，就算回檔，未來七個月股價最低也有到50元左右）。

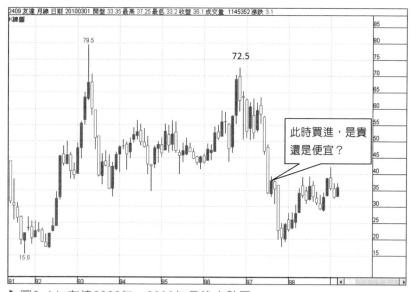

▶圖2-14　友達2002年～2009年月線走勢圖

　　2008年7月，友達價格又來到40元附近，投資人會覺得是「相對低價」，因為這是四年半以來的低點；然而2008年11月，友達價格卻跌到17.8元，若以此為進場價位，投資人到底是賺錢還是賠錢？千萬不要被「定錨效應」影響。

　　記住一件事，若未來價格會比較高，現在就是低價；若未來價格會比較低，現在就是高價；另外，在趨勢形成處進場，所要賺的錢是「波段」而非短線的差價。

　　每天都有機會在股市中賺到錢，不要因為你沒有持有正在上漲的某些股票而憂心、生氣或哀怨。

 在下降趨勢時

請觀察商品或股票，在下降趨勢形成後進場賣出（作空）。

例：股票——鴻海（2317）

▶圖2-15　鴻海2008年6月～12月日線走勢圖

關鍵價位

💡 實務上採取雙重確認方式：

1. **股價、指數行情在季線之下。**

2. **趨勢下降（跌破前一低點），確認為偏空行情，可於頭部反轉時賣出。**

　　雙重確認目前為偏空行情後進場，將趨勢改變可能造成的影響降低，此為較保險的做法，**但也可能造成較低的賣出價位！**

　　趨勢剛形成時走勢較弱，行進中走勢較強，所以在趨勢行進中雙重確認賣出策略，成功率便會大幅提升！

例：期貨——台指近

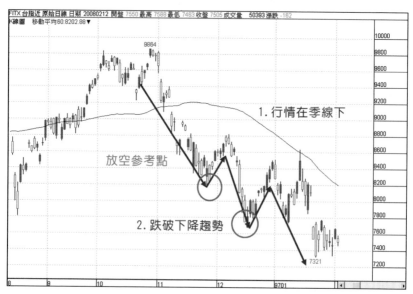

▶圖2-16 台灣加權股價指數期貨2008年8月～2009年1月走勢圖

　　交易者可能眼尖發現，股票和指數上漲、下跌的速度並不一樣，下跌比上漲快多了。

　　通常股票在上漲前會經過一段整理，蘊釀能量上漲，因此季線上的再突破，有時並不會離季線太遠。不過這也代表行情已在趨勢裡準備，在某價位交易密集處停留一陣子後預告：請大家坐好，行情開始啟動！

　　但下跌往往不需要太多蘊釀，就算沒有量能，只要有很多人賣出，行情就會下跌，故當指數頭部形成後，有時就算沒有跌破季線也還是會下跌（常常會迅速穿越季線形成一段明顯的跌勢），但通常為了保險起見，仍建議在季線之下，趨勢偏空再進場較佳。

關鍵價位

▶圖2-17　宏碁2008年7月～2008年12月日線走勢圖

1. 如上圖，宏碁跌破季線後關鍵價位為60.6元（A點），十個
   交易日後，2008年9月1日再次在季線下跌破此關鍵價位（A
   點），確認趨勢開始偏空，開始一底比一底低的下降走勢。

2. 從2008年9月1日跌破關鍵價位60.6元後，到11月21日最低點
   37元，跌幅達38.9%。

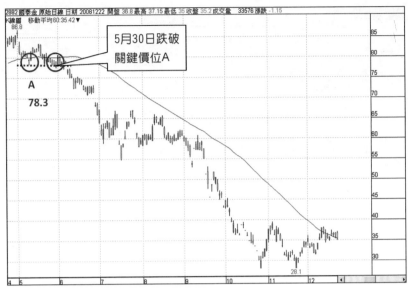

5月30日跌破
關鍵價位A

A
78.3

▶圖2-18 國泰金2008年4月～2008年12月走勢圖

1. 關鍵價位78.3元（A點）於2008年5月22日出現，六個交易日後，5月30日國泰金正式跌破關鍵點。

2. 從2008年5月22日關鍵價位71.48元到2008年11月21日最低點28.1元，跌幅達60.69%。

3. 其它金融股也因金融海嘯之故，出現類似的走勢，半年之內都無法站上季線。

關鍵價位

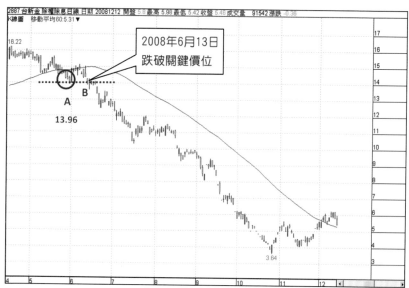

2008年6月13日
跌破關鍵價位

13.96

3.64

▶圖2-19 台新金2008年4月～2008年12月走勢圖

1. 2008年5月30日出現關鍵價位13.96元（A點），在十個交易日後的6月13日跌破（B點）。

2. 從關鍵價位13.96元跌至2008年10月28日最低價位3.64元，跌幅73.9%。

　有些個股一旦跌破季線，就會開始拉開與季線的距離，因此會感覺「賣得很低」，於是不易發覺正確的關鍵點。

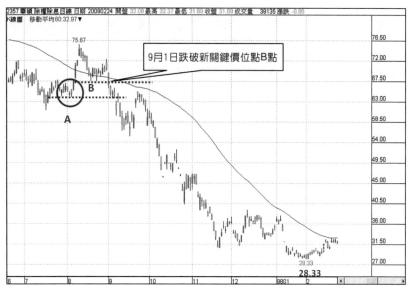

▶圖2-20　華碩2008年6月～2009年2月走勢圖

1. 有時關鍵價位並非一直停留在原先位置，必須時時追蹤個股的走勢。

2. 8月5日出現64.09元關鍵價位（A點），當時並不知道此為關鍵價位，以為可能是7月中至8月反彈拉回的一個支撐點。

3. 隨後價格站上季線，華碩8月19日再度以收盤價短暫跌破季線（B點），由於接下來的行情再度反彈，B點成為新的關鍵價位67.65元，若未來價格跌破B點價位，即可進場放空。

4. 9月1日價格跌破67.65元時，8月份反彈所形成的小型頭部已經完成。

5. 從關鍵價位67.65元到波段最低28.33元，跌幅58.12%。

關鍵價位

　　交易當然也有錯誤、失敗的時候，當趨勢無法有效立即形成或原先的上升趨勢再度延續，都會造成交易的損失。

▶圖2-21　中鋼2008年5月～2008年11月走勢圖

1. 2008年6月27日，中鋼在走勢上形成一個下跌關鍵價位37.62元（A點）。

2. 七個交易日後，2008年7月8日價位跌破37.62元（B點），於是進場放空，但不久後股價不跌反漲，股價最高站上季線來到41.7元。這時我們應在中鋼股價站上39.84時認賠出場，即關鍵價位（A點）與進場點（B點）之間的高點。

3. 三個交易日後，中鋼又形成一個下跌關鍵點39.61元（C點）。

4. 五個交易日後，於8月5日再度進場放空（D點），順利完成空頭部位。

趨勢行進中進場

　　有了趨勢改變時進場的方式，為什麼我們還需要花篇幅介紹下一種進場方式呢？投資人在坊間閱讀一些技術分析的書籍時，常會看到一些類似「只要堅守底部翻陽時買進、頭部反轉時賣出……等進出場法則，不賺也難」的話語，但需要思考的是：什麼時候到達底部？又什麼時候已經在頭部了呢？

　　絕佳的波段進出場點並不會常常遇到，就像你在看此書的同時，行情可能已不在初期的上漲期或是開始的下跌期，許多個股的波段買賣點都已經過去了，因此判斷進場點的當下時常讓我們感到手足無措。

　　其實不必想得太複雜，除了耐心等待絕佳買點之外，我們也要學會如何在「非底非頭」的趨勢中做操作！

關鍵價位

以下介紹在趨勢中進場的方式：

在趨勢行進中，我們無法得知其會如何轉變，更不知道什麼時候是好的波段買點（走勢圖中的底部）或波段賣點（走勢圖中的頭部），所以可以說我們大部分都是在非底部與非頭部時進場！那麼，在趨勢行進中，我們又應該依循怎樣的方式做交易呢？

答案：

順勢交易（而且是順**主要趨勢**做交易）！

在趨勢**看多**時，以**作多**為主要進場方式；

在趨勢**看空**時，以**作空**為主要進場方式。

上升趨勢時：趨勢拉回後買進

首先必須探討的是，**拉回到什麼地步時買進**？是整個幅度的0.382，還是0.618？其實，用幅度衡量的方式都不正確，**正確的買進點是在拉回結束後，確認要開始上漲時。**

但要如何確認拉回幅度夠呢？又要如何確認回檔結束呢？這時在判斷上，我們會以較短期的均線——20日線，當成拉回幅度的衡量標準。

1. 當個股回檔到20日均線之下（包括下影線），我們開始確認回檔。

2. 接下來觀察最接近當天的一根黑K高點，此高點可以當成短期買進的關鍵價位。

3. 若未來數日紅K起漲並且越過那一根黑K的最高點（含上影線），代表拉回修正結束，可作為短線買進點參考。

4. 以關鍵價位黑K及進場紅K的低點孰低為停損價位（**我們大多以此方式作為加碼買進的衡量方式**）。

▶圖2-22　鴻海2009年9月～12月走勢圖

關鍵價位

1. 雖然鴻海在2009年9月10日的132元高點回檔，來到9月14日的A點121.5元低檔，但並非我們確認的回檔。

2. 9月25日的B點來到20日線，確認已經回檔，當天高點125元為短線買進關鍵價位。

3. 9月26日仍是下跌黑K，故短線買進關鍵價位改成當天高點125元（C點），以符合最接近當天的黑K高點。

4. 9月29日價格突破短線關鍵價位，開始買進持有鴻海股票。

5. 在波段中可能不只一個短線關鍵價位買點，如D、E、F、G的高點均為短線關鍵價位；請留意交易不要太頻繁。

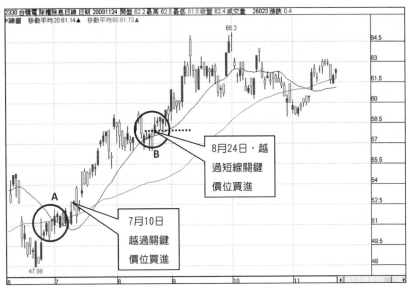

2330 台積電 除權除息 日線 日期 20091124 開盤 62.2 最高 62.5 最低 61.8 收盤 62.4 成交量 26023 漲跌 0.4
K線圖 移動平均 20:61.14▲ 移動平均 60:61.73▲

65.2

8月24日，越
過短線關鍵
價位買進

B

A

7月10日
越過關鍵
價位買進

47.98

▶圖2-23 台積電2009年6月～11月走勢圖

1. 2009年7月1日台積電在季線上形成一個波段買進關鍵價位，
   當天高點為52.22元（A點）。

2. 七個交易日後，7月10日收盤價突破高點52.22元（A點），
   開始建立波段部位。

3. 8月份行情回檔，並在8月21日的黑K高點58.1元時，再度形
   成一個短線買進關鍵價位（B點），雖然前二天的黑K亦符
   合，但我們要用「最接近」當天的黑K高點。

4. 8月24日行情突破58.1的價位，開始買進，加碼部位。

　　在期貨方面，由於使用槓桿，所以可用相同的方式，以**10日均
線**當成回檔的標準，於當日沖銷；若要留倉則應設停損50點（與股
票不同）。持有留倉的時間應較短，通常不超過五日，如留倉時短

關鍵價位

線漲（跌）幅過大，則可用固定目標價位獲利600點出場。

另要留意，行情次日**跳空**直接越過短線關鍵買進點時，不要進場當沖。下面以短期關鍵買進價位用當沖為例：

▶圖2-24 台灣加權股價指數期貨2009年11月～12月底日線走勢圖

1. 加權股價指數期貨在11月中旬後，共有五次回檔至10日均線（圖中A～E點），共計產生五次短線買進關鍵價位。

2. A點處產生第一個短線買進關鍵價位7709點，三天後突破7709點時，於「1」處買進，並以收盤時指數7773點出場，獲利66點。（前一交易日也有一次失敗的買進點，買在7709點，盤中雖然漲至7719點，但收盤7698點，虧11點。）

3. B點處產生第二個短線買進關鍵價位7592點，隔天突破7592點時，於「2」處買進，收盤7641點出場，獲利49點。

4. C點處產生第三個短線買進關鍵價位7710點，隔天突破7710點時，於「3」處買進，收盤7752點出場，獲利42點。

5. D點處產生第四個短線買進關鍵價位7807點，兩天後突破7807點時，於「4」處買進，收盤7829點出場，獲利22點。

6. E點處產生第五個短線買進關鍵價位7798點，三天後突破7798點時，於「5」處買進，收盤7829點出場，獲利31點。

再來看一個例子，有獲利較大、停損及跳空不做等情況：

▶圖2-25 台灣加權股價期貨2009年10月～11月中旬走勢圖

關鍵價位

1. A點處產生第一個短線買進關鍵價位7669點，三天後突破
   7669點時，於「1」處買進，盤中雖然最高來到7765點，可
   賺96點，但收盤以7642點出場（未達停損50點），損失27
   點。

2. B點處產生第二個短線買進關鍵價位7320點，雖然收盤跌破
   季線，但關鍵價位仍在季線之上，故若有突破但仍在季線之
   上。隔天突破7320點價位時，於「2」處買進，收盤7438點
   出場，獲利118點。

3. 隔天收黑，仍在季線之上、10日均線之下，故C點處產生第
   三個短線買進關鍵價位7460點，但隔天跳高開出，無盤中穿
   越線，因此當天不進場。

4. 接下來的行情可參閱圖2-24，即可更熟悉此關鍵短線交易之
   方式。

下降趨勢時：趨勢反彈後賣出

首先必須探討的是：**反彈到什麼地步時賣出？**是整個幅度的0.382？還是0.618？其實，根據前一章節的描述，我想大家都應該心知肚明了，**正確的賣出點是在反彈結束後，確認要開始下跌時。**

若是個股，在判斷上我們會以較短期的均線——20日均線，當成反彈幅度的衡量標準。

1. 當個股反彈漲回到20日均線之上（包括上影線），我們開始確認拉回。

2. 接下來觀察最接近當天的一根紅K低點，此紅K低點可以當成短期賣出的關鍵價位。

3. 以短線關鍵價位那根黑K及進場那根紅K的低點孰低就是停損價位（**我們大多以此方式作為加碼賣出的衡量方式**）。

關鍵價位

我們以**反彈**結束的那一根紅K當作一個標準,若下一根黑K跌至低於最近那一根紅K的最低點(含下影線),代表反彈修正結束,可作為短線賣出點參考。

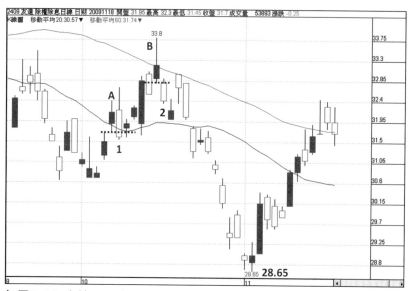

▶圖2-26 友達2009年9月~11月日線走勢圖

1. 2009年9月友達下跌,10月初開始反彈,10月7日站上20日均線,走勢仍為空頭排列,這時產生了一個短線關鍵賣點(A點的紅K低點31.7元),若跌破31.7元,則表示反彈可能即將結束。

2. 隔天10月8日行情巨幅震盤走低,故於盤中31.7元時賣出該股票(圖「1」處)。

3. 三天後友達收盤漲過10月8日當天黑K高點（圖「1」處），證明當時放空是錯的，行情有機會持續反彈，先停損出場。

4. 10月15日（B點紅K），友達又在季線下，紅K出現在20日線之上，這是在停損出場後，再度出現的短線關鍵賣點（B點），意味著未來只要當天低點行情跌破32.8元，即可進場賣出。

5. 10月16日即賣出32.8元之下的友達股票，至11月3日最低點價位曾來到28.65元，報酬最高可達12.65%。

關鍵價位

　　有時候短線關鍵賣點會讓你在賣出的時候有些混淆，在盤中無法非常確定是否要賣出。個股上的限制並不像指數期貨那樣嚴格，除了跳空不做之外，只要符合跌破最接近反彈至月線（20日均線）的紅K低點就可進場放空。空頭市場時，許多個股均符合這樣的標準，故我們建議：放空股票，若非一定要做，其實可以自己把條件設嚴格一點，因為股票有很多檔，不像指數只有一個，持有部位以自己睡得著為主。

▶圖2-27　台積電2008年6月底～9月日線走勢圖

1. 我們暫不考慮7月份出現的短線賣出關鍵價位（A點），先看8月份的情況。

2. 2008年8月8日是台積電反彈的第三天，雖然連續三天都出現賣出關鍵價位，但行情上漲，關鍵價位要更新，而在8月8日之後，B點當天低於59.9元是最接近的一個。

3. 台積電連續六天開高走低，都沒跌破賣出關鍵價位，在第七天（8月19日）時直接開低59.2元，但當時並不知道後來幾天都是連續開低走高的走勢，故實際交易上應於8月19日開盤後即賣出（C點）。

4. 未來七個交易日，台積電收盤都沒有高於60.6元，於是很幸運的在第八個交易日之後行情順利下跌。

5. 事後來看，比較好的賣出關鍵價位是8月29日的D點，剛好是在一連串的紅K之後，但當時根本不知道行情會在60元附近「搞」那麼久，故C點才是我們較為可能的進場位置。如果當時沒有進場或不幸被掃出去，之後可在D點進場賣出，畢竟短線賣出關鍵價位出現得還算頻繁。

關鍵價位

在期貨方面，我們採用10日移動平均線（非20日移動平均線）來定義反彈，同時交易上也多採用較短的當日沖銷以降低風險，當然條件也包括：停損50點，跳空直接跌破關鍵價位不進場；若要持倉也應以不超過五個交易日為主，並於600點獲利（停利）出場等規則。

▶圖2-28 台灣加權股價指數2010年1月～3月走勢圖

1. 2010年2月10日指數期貨反彈站回10日線，這時出現下跌以來第一次的賣出關鍵價位：7345點（A之低點）。

2. 過完年後，指數期貨持續反彈，2月24日（B處紅K的最低點7458點）隔天行情開高走低，於7458點放空，收盤價位7368點，獲利90點。

3. 行情持續反彈，四個交易日後，關鍵點來到3月3日的低點
   7578（C之低點），隔天於7578點時放空，雖然最低到7463
   點，但收盤為7527點，實際交易僅獲利51點。

4. 二個交易日後3月8日，又出現新關鍵價位7686點（D點），
   但指數期貨連續四個交易日都沒跌破該價位，直到第五個交
   易日3月15日時，期指才跌破7686點，即進行放空，當天收
   盤價7655點，獲利31點。

5. 二個交易日後，又出現新的賣出關鍵價位（E之低點），但
   由於接下來兩個交易日最低點均在季線之上，故反彈結束，
   行情已有機會返至回升行情，須等待指數跌破季線再反彈至
   10日線後，才能再次開始短線放空交易。

關鍵價位

經過本章的教學，你有沒有更了解進場方式了呢？

1. 在新趨勢形成時，我們可運用「趨勢改變時進場」的方式做買進或賣出。

2. 我們也定義了較大的回檔趨勢是跌破（或漲上）季線後拉回導致的趨勢改變，因此應以漲上季線後的第一個高點為買進關鍵價位（或跌破季線後第一個低點為賣出關鍵價位）。

3. 在趨勢中，我們不但要順勢交易，而且還要在行情「回檔結束後」才買進或賣出。

4. 股票用20日均線定義回檔（或反彈），期貨則用10日線定義回檔（或反彈）。

　　除了學會運用趨勢，更要善加練習才能熟能生巧喔！本章節最後附上習題，請大家一定要動手做做看！

後記

1. 不要以為會進場就一定會讓你賺錢,請留意出場時機。

2. 「為何突破關鍵價位時要立即買進呢?等兩天後拉回再買進應該可以買到更好的價位吧!」——許多人會有這樣的疑問,但事實上,許多強勢的個股在突破關鍵價位時,會產生頗大的漲幅,而且隔天還會繼續再漲,如果等突破關鍵價位後拉回再買進,買到強勢股的機會就會變少。在個人2009年統計觀察的個股中,若等拉回再買進其漲幅超過30%以上的個股減少37%,意即有些漲幅較大的個股無拉回3%以上,使你無法順利買到,但小賺10%以下的大幅增加,你必須取捨。當然2009年是個多頭年,但是要賺「大錢」,不就是要多頭年嗎?

3. **是否使用季線不能下彎且個股在季線以上再突破較佳呢?我不否認,用這個條件進場,獲利機率確實會增加,雖然因此少掉幾次較好或較早的進場點,但差別不會太多。如果有資金管理的原則,加上不介意多幾次停損,則雖然這個條件所造成的整體獲利性不會太大,但對交易心情的確有些影響。**

關鍵價位

練習題

1 旺宏（2337）2009年11月～2010年3月的走勢圖如下，2010年1月至2月間，大盤經歷一個1315點的回檔，旺宏卻表現得相對強勢，之後產生了一個買進關鍵價位，你能看得出來嗎？

▶附圖2-1　旺宏2009年11月～2010年3月走勢圖

解答1:

▶附圖2-2 旺宏2009年11月～2010年3月走勢圖

1. 2月中旬（A點）出現了第一次關鍵買點。

2. 在3月2日（B點），雖然是個黑K，但前三天及後三天的最高價均低於B點最高點，故B點取代A點成為新的關鍵買進價位。

3. 五天之後，3月9日的收盤價超過B點的最高點，故在當天收盤前買進。

關鍵價位

2 櫻花（9911），這張圖中你可以找到幾個底部進場的買進
關鍵價位？何時買進？

▶附圖2-3　櫻花2009年7月～2010年3月走勢圖

解答2：

9911 櫻花 原始日線 日期 20100330 開盤 21.2 最高 22.45 最低 21.2 收盤 22.45 成交量 28683 漲跌 1.45
K線圖 移動平均60:16.71▲

▶附圖2-4 櫻花2009年7月～2010年3月走勢圖

1. 2009年10月初，價位站上季線，形成一個關鍵買點（A點）。

2. 2009年10月26日（B點），前三天與後三天均未較B點高，亦符合買進關鍵價位原則，故B點取代A點成為新關鍵買點。

3. 11月3日，行情收盤較B點高點高，故買進（不過當天漲停鎖死，須第二天才能進場買進）。

4. 另外在3月1日時，行情再度站上季線，3月2日雖然收黑，但高點仍較3月1日之高點高，三天後確認C點為買進關鍵價位。

5. 3月11日收盤突破C點買進關鍵價位，故買進。

關鍵價位

3 下圖為兆豐金控2009年11月～2010年3月的走勢，你能看出哪些是賣出關鍵價位嗎？哪些有實際進場賣出，又有哪些沒有呢？

▶附圖2-5 兆豐金2009年11月～2010年3月走勢圖

解答3：

▶附圖2-6　兆豐金2009年11月～2010年3月走勢圖

1. 2009年11月20日與23日的最低點同樣為18.7元，而前三天及後三天的低點都必須高於這兩天才能形成賣出關鍵價位，故A點為關鍵價位。

2. 11月27日行情跳空下跌，符合進場原則，此時進場放空並將停損點設定在進場價位與關鍵價位之間的高點，如圖之STOP。

3. 2010年2月底及3月初分別出現B、C、D三次賣出關鍵價位，但兆豐金收盤均未跌破該價位，故沒有進場。

4. 2010年3月份同時也出現了三次買進關鍵價位，不知讀者有無發現！

關鍵價位

4 測試一下對於短線買進關鍵價位的認識,下圖為2007年12
月～2008年4月元大金的一段多頭走勢,在圖中你可以看
到多少個短線買進關鍵價位?

▶附圖2-7 元大金2007年12月～2008年4月走勢圖

解答4：

▶附圖2-8　元大金2007年12月～2008年4月走勢圖

1. 記住！回檔要觸到20日線才算回檔，而且是最「接近」（非最低）的黑K高點為關鍵價位。

2. 出現了兩次關鍵價位；2月20日出現第一次的短線關鍵價位（A點），於次日進場。

3. 在3月13日出現了第二次的短線關鍵買點，雖然前一天及前三天均符合，但我們要使用的是「最接近」的黑K高點，於是四個交易日後才進場買元大金。

關鍵價位

5 我們再來測試一下對於短線賣出關鍵價位的認識，同樣是
元大金，時間為2008年7月～10月初的走勢，你能觀察到
多少次的短線賣出關鍵價位呢？

▶附圖2-9 元大金2008年7月～10月走勢圖

解答5：

▶附圖2-10　元大金2008年7月～10月走勢圖

1. 總共有五個，如上圖A、B、C、D、E。

2. 如A所示，元大金在2008年7月24日形成短線賣出關鍵價位，
   次日即符合賣出條件。

3. 如B所示，元大金在2008年8月11日之紅K彈到20日均線之
   上，形成了新的短線賣出關鍵價位，四個交易日後符合賣出
   條件。

4. 如C所示，元大金在2008年8月28彈上20日線，形成短線賣出
   關鍵價位，二日後即符合賣出條件。

關鍵價位

5. 如D所示，元大金在2008年9月10日彈上20日線，形成短線賣出關鍵價位，次日即符合賣出條件。

6. 如E所示，雖然前面三根紅K均符合短線賣出關鍵價位，但接下來的走勢均未跌破，使得短線賣出關鍵價位不斷更新至E處，次日行情跌破即賣出。

6 在指數期貨上，確認短線買進關鍵價位採用回檔至10日線，另外當沖交易停損設為50點。我們來看看2008年2月～5月的走勢，是否能找到這些關鍵價位並進場交易？

▶附圖2-11 台灣加權股價指數期貨2008年2月～5月走勢圖

解答6：

▶附圖2-12　台灣加權股價指數期貨2008年2月～5月走勢圖

1. 在2008年3月19日出現短線買進關鍵價位，3月20日（A點）
   行情開低走高，盤中買進關鍵價位8280點，收盤8336點，獲
   利56點。

2. 2008年4月1日指數跌破10日線，再次出現短線買進關鍵價
   位，次日越過關鍵價，以8595點（B點）買入，收盤8573
   點，損失22點。

3. 隔日4月3日又出現黑K，再度出現短線買進關鍵價位8603
   點，次日越過關鍵價位，以8603點（C點）買入，收盤8706
   點，獲利103點。

關鍵價位

4. 4月25日再度出現短線買進關鍵價位，於次日進場（D點），
   價位9068點，收盤時9092點，獲利24點。

5. 2008年5月9日再度出現關鍵價位8877點，但次日行情並沒有
   越過關鍵價位，因此再等一天於8877點時買進（E點），收
   盤價9030點，獲利153點。

6. 總計五次交易，賺五次虧一次，總獲利314點。

7 下圖為2007年11月～2008年2月初台灣加權股價指數期貨的
   走勢圖，你能不能發現有幾個短線賣出關鍵價位？雖然行情
   有千點以上的跌點，但交易次數仍然有限，有幾次看似可以
   放空，最後卻因條件不完全吻合只好放棄，你也能發現嗎？

▶附圖2-13 台灣加權股價指數期貨2007年12月～2008年2月走勢圖

解答7：

▶附圖2-14 台灣加權股價指數期貨2007年12月～2008年2月走勢圖

1. 總共交易三次，其中一次因為跳空而沒進場，事後證明做下
   去會獲利，但當時盤中行情波動很快，我們唯一可依靠的只
   有規則而已。

2. 2007年12月5日出現了一個短線賣出關鍵價位——當天的低
   點8558點，隨後兩天行情開高走低，都沒有跌跛關鍵價位，
   直到第三天（A處），盤中期指跌破8558點，但收盤仍是
   8558點，獲利0元。

3. 2007年12月31日，行情已連續四天反彈，並出現了短線賣

關鍵價位

出關鍵價位8382點,次日於B處放空,收盤8283點,獲利99點。

4. 2008年1月15日出現短線賣出關鍵價位8263點,但連續兩天(C處)指數均跳低8250點開出,盤中雖有漲上8263點再跌破(雖然事後證明確實可獲利,長期來看這樣的模式也是利多於弊),但為減少淨值波動情況及在原則簡化的前提之下,故不進場(若讀者有興趣可自行測試,我們測試結果是長期有利,但許多其它的情況,例如交易盤中漲過跌破再漲過收紅K,造成交易上困擾,故對此情況予以忽略)。

5. 2008年2月1日,行情再度反彈至10日均線之上,出現短線賣出關鍵價位,於次日(D處)以7541點賣出,收盤7505點回補,獲利36點。

6. 交易三次,總計獲利135點。

第三章、出場方式

關鍵價位

我們前一章提過，在一場金融交易中，進場佔的比例是所有重要性的1／10，那另外的9／10是哪些部分呢？

成功交易的關鍵

■ 進場方式　■ 出場方式　■ 資金管理　■ 情緒管理

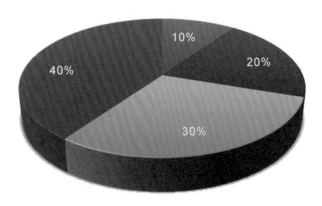

▶圖3-1　交易關鍵重要程度之比例

或許有人不同意這個比例，但不可諱言的是，進場確實比不上出場及其它交易事項重要。

回想一下，若你在過去幾年操作股票或期貨有虧大錢，是什麼原因？十之八九都是因為不停損，出場時猶豫不決，時機過了又狠心置之不理，最後不聞不問，直到有一天賺回來為止，這是大部分的人無法在股票市場上持續穩定獲利的最大原因。

　　我們都希望買到波段的最低點，賣到波段的最高點。波段最低點的意思是，進場後再也沒有價格比它更低了，意味著接下來是穩賺不賠的，問題剩下：要賺多少？同樣的，放空在波段最高點也是一樣，隱含著當你賣出之後，市場上再也沒有價格比你放空的更高，問題剩下：何時買回？

　　上述情況對投資人來說，是生理與心理最舒適的狀況，因為進場之後完全沒有壓力，也沒有虧錢的可能性，只有賺多與賺少的問題，但這種情況可能發生嗎？多數時候事與願違，進場不會買到最低點，放空不會在最高點，大部分的情況是買進後有小幅獲利或小幅虧損。這時的出場決策決定了這筆交易是小賺、小賠、大賺或大賠，所以好的出場能讓你在進場不怎麼如意時，仍保有獲利或減少虧損。

關鍵價位

我們用一張圖來表示出場的重要性：

▶圖3-2 金鼎證2009年11月～2010年3月走勢圖

　　假設有個投資人，他很幸運的在2009年12月4日買到低點8.5元（A點），之後價位再也沒有來到那麼低的水準，於是他長期持有，想狠狠的賺一個波段，一直到2010年2月5日（D點）跌破他的買進價，才狠心把部位在8.35元的價格砍掉，結果白忙兩個月，還倒虧了0.15元。

　　另一個投資人，耐心等到行情明確向上突破於B點時，在2009年12月23日以9.06元買進，一直持有到2010年1月12日行情形成小頭部才以10.45元出場（C點），不到一個月總獲利1.39元。

這兩個投資人一個買得低卻虧損出場，另一個買得高卻獲利出場，這樣的例子在市場上層出不窮，不同的出場造成了不同的結果，出場的重要性由此可見一斑。

為什麼出場要有邏輯？其實賺賠都是由市場決定的，當你手中持有部位，股價上漲時你就賺錢，股價下跌時你就賠錢，但是「好的出場能將發球權拿回手中，不必由市場大多數人決定你的命運」！我們希望最後的結果可以自己決定，但大部分的人自己決定進場，出場卻聽天由命，等到某個結果確定，狠狠的撂下一句：「真倒楣！」實際上交易從進場到出場，完完全全都是由自己決定的，只是多數人都不願承擔最後出場的壓力，然而長期的結果一定是隨機的，那就真的是靠運氣了。

我們很容易犯下一些錯誤，例如：情況不利時不願認賠，孤注一擲想等待翻盤的機會，放資金隨波逐流直到不可挽回的劣勢。做交易需要這麼辛苦嗎？想想你的初衷，就是為了要在市場上賺到錢啊！但是切記，交易絕對是有賺有賠，端看你怎麼拿捏。我們必須檢討每一次的交易是否確實執行，因為這些成功交易的關鍵都是環環相扣的！儘管出場方式只佔整場交易的2／10，但沒有好的出場，就可能導致大幅虧損，資金被套牢就無法靈活分配（別忘了這佔整個交易的3／10），再者，被套牢後你的心情會更差，在不夠理性的狀態下，進出場策略的執行以及資

關鍵價位

金的管控還能不能精準？還能不能期待自己從交易中獲利？

別忘了，其實我們想得很簡單，只是想把發球權拿回手中罷了！

當你選擇在該出場的時候出場，就代表已獲利了結或是虧損減低，同時你手中不再持有部位，心情也不用再為了價格的變動而七上八下，只要等待下一次進場的機會就好了！仔細想一想，這樣做交易是不是比較簡單又有效率呢？我們將介紹一些出場方式，期許你善加利用，掌握整個交易的精髓。

固定金額或固定百分比出場

　　最傳統的出場方式，就是虧損到了某一個程度之後一定要出場，這是我們最後的防線。一般公司的自營交易是10%～15%不等，只要某一檔股票虧到15%，就要硬性出場，因為不是你的進場點太高，就是這檔股票已經走弱了。若某一個期貨交易員或某種交易方式，一個月內虧了15%，這不是風險、資金控制有問題，就是交易模式在這種走勢下已經失效，有必要重新檢討休息一下，讓整個交易不致陷入深不見底的地獄，還可以給自己一些喘息的空間。

　　通常這種停損方式俗稱「硬停損」——只要輸這麼多，就先出場。在期貨短線上運用最多，幾乎每一種當沖的模式都會使用到虧損某金額或虧損某百分比就停損的機制。

關鍵價位

▶圖3-3 台灣加權股價指數期貨2009年1月～2月走勢圖

　　舉例而言，我們使用短線關鍵價位的當沖模式，停損設定50點或進場時指數價位的1%，如圖3-3所示。目前我們進場放空的短線關鍵價位在2月4日的紅K低點4285點，若採用1%固定百分比停損，則2月5日進場放空的停損價位為4327.8點（無條件進位），之後指數如果來到4328點，我們立即出場買回；若採用50點固定停損，則是在指數漲到4335點時買回。不過最後那天的收盤為4271點，小賺14點。

　　碰到停損就一定要立即執行。也許你會問，哪一種停損比較好？回測過去十年的當沖交易中，這兩種方式的績效不會差太

多。許多人偏好採用固定點數停損，因為在使用上較為簡單，每天最多就虧這麼多，不會依指數的高低而有不同；但有些人卻覺得指數高的時候，採用1%不容易碰到停損，指數較低時碰到停損，虧的也比較少，因此使用上真的見仁見智。

若是採用有留倉的方式，停損大約會設在150～200點，或是1.5%～2%之間。

至於股票方面，硬停損大約會設在8%～15%，這是一般採用硬停損的情況，當然每個人可以承受的風險度及每檔股票的波動性都不同，沒有最好的答案提供硬停損應該是多少。本書中，當沖我們採用50點來停損，波段採用200點來停損，至於股票，則區分為20元以下個股採用15%停損、20元以上個股採用10%停損。

關鍵價位

▶圖3-4 台積電2009年6月～9月日線走勢圖

　　解釋股票硬停損之設定如下：

1. 2009年7月1日，台積電出現了波段買進關鍵價位52.22元（未還原息值之價位為55元），A點。

2. 2009年7月10日（B點），收盤價正式站上52.22元之上，以52.78元買進。

3. 同時設定出場停損10%（5.278元），只要價格跌破47.5元（52.78元-5.278元，無條件捨去），即出場不再持有。

4. 隔日行情開高走低，最低價位51.75元，隔日跌幅當然不可能超過10%，但接下來沒有出現更低價位，故持有至波段相對高點。

　　我們來仔細想想，當沖停損50點，如果當沖交易每天一趟單，投資人最多可以賺多少點？平均可以賺多少點？若運氣好，不但做對而且當天還有大行情，以台灣加權股價指數來看，說不定可以賺100～200點，這種機會每個月約有一、兩次，波動大則可能會增加到七、八次（2008年9月及10月），但如果波動不大，平均可能僅賺30～70點（約50點）。這就對了，假設我們進場後能賺錢的機會只有一半，做對的話，可以賺得100～200點或平均賺50點；若虧錢，也因為有停損，所以平均虧50點。如果趨勢多出現幾次大行情，我們剛好有幾次做對，那麼長期下來，正報酬的機會很大。

　　以波段來說，我們也要計算一下賺錢與賠錢的機會。如果一個波段平均可以賺300～600點（好一點可能賺1000點），而虧的話以200點停損，那麼長期下來也是可以賺到錢的。因為台指期貨常常有跳高的問題產生，有時將停損設得太近並不切實際，以賺錢與虧錢的比例來看，這樣的數字是合理的。

　　那股票呢？我們都希望進場買股票能賺到一個波段，在一個月內於波段上賺到20%是合理的，且若買到飆股，不但能賺個二、三倍，甚至更多，故停損的設定與獲利的機會是成一個比例的。

關鍵價位

許多人進場想賺個波段，卻在持有部位賺錢時立即出場，虧錢時死抱活抱，這樣的情況當然會虧錢。因為每幾年一定會有多頭與空頭的循環，在多頭時只賺蠅頭小利，空頭時卻從頭虧到尾，長期下來一定沒辦法累積資產，唯有大賺小賠才是交易的王道，而執行停損就是第一步。

以上所說的第一種出場方式，是我們進場後的最後防線，本書採用一般原則中較大的停損值，因為它是出場的最後防線，當然還有其它方式。

追蹤停損式出場

追蹤停損分成兩種方式,其中之一為移動停損型,**俗稱海龜交易策略,常用於期貨交易;另一方式則稱為突破移動型,用在股票上較多。**

🗩 移動停損型出場(海龜型出場)

亦可以作為進場方式,通常使用在期貨上(股票上效果較有限),其方式如下:

出場方式

追蹤極端值突破(或跌破)至反向價位時,就選擇停損出場,台灣加權股價指數期貨市場大多以3至7天為主,也有人使用二十天突破,但通常是為了減少交易次數,進場才會使用那麼長的週期。舉例說明,例如買進台指期以「過去三天高(低)點」為停損依據,當符合停損條件時,就將手中部位拋出,不繼續持有。

關鍵價位

▶圖3-5 台灣加權股價指數期貨2010年1月～3月日線走勢圖

例：2010/03/05以收盤價7658買進一口台指期

設定出場條件：跌破「過去三天最低點」→就停損出場。

我們觀察過去三天走勢（3/5當天已收盤，須包含進去）的低點：

3月3日，當天最低點為7578點；

3月4日，當天低點為7463點；

3月5日，當天低點為7558點。

故明天3月6日開盤後，我們將以過去三天的最低點——3月4日的低點7463——為我們的停損點，只要盤中觸及這個價位，我們就停損賣出。

過了兩天，在3月9日使用三天移動停損，此時停損會移動到
哪兒呢？

▶圖3-6 台灣加權股價指數期貨2010年1月～3月日線走勢圖

我們觀察過去三天走勢（包含今天）的低點：

3月5日，當天最低點為7558點；

3月8日，當天低點為7686點；

3月9日，當天低點為7724點。

故明天3月10日開盤後，我們將以過去三天的最低點為新停
損點，即3月5日的低點7558點。由於停損已由7463點移至7558
點，所以只要盤中有觸及到這個價位，我們就賣出停損。

關鍵價位

再過四天,3月15日行情下跌,盤中觸及過去三天的低點,於是立即以該價格出場。

FITX台指近 原始日線 日期 20100315 開盤 7758 最高 7758 最低 7631 收盤 7655 成交量 107479 漲跌 -97

K線圖 移動平均60: 7800.47 ▲

8312

7056

停損為
7703點

▶圖3-7 台灣加權股價指數期貨2010年1月～3月日線走勢圖

(前二張圖均在盤後解釋,當天的低點已經知道,因此明天的比較包含今天的低點;若在盤中,當天的低點根本不知道,但若直至收盤仍未停損,則含括當日的低點作為次日比較。)

在3月15日盤中,我們觀察過去三天走勢(不含今天)的低點:

3月10日,當天最低點為7703點;

3月11日,當天低點為7731點;

3月12日,當天低點為7711點。

　　3月15日盤中，我們以過去三天的最低點為我們的停損點，即3月10日的低點7703點。盤中因跌破7703點，所以立即出場，持有六天，7658點進場，7703點出場，獲利45點。

　　這樣的交易有什麼好處？最大的好處是不預設立場，只要行情持續上漲，我們就會持續抱住部位，直到它下跌。這是一個全然符合「順勢」的交易方式——只要行情沒有跌破過去三天的低點，就持有多單；沒有漲過過去三天的高點，就持有空單。

　　理察丹尼斯（Richard Dennis）和他的海龜夥伴們就是利用這樣的方式（使用天數不同），在八○年代創造了奇蹟的財富。只要行情上漲，我一定持有多頭部位；只要行情下跌，我就一定持有空頭部位，海龜們利用此方式，反向建立了部位並持有。

關鍵價位

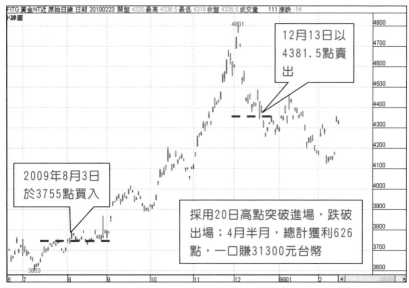

FITG 黃金NT近 原始日線 日期 20100223 開盤 4320 最高 4336.5 最低 4318 收盤 4335.5 成交量   111 漲跌 -14

K線圖

12月13日以4381.5點賣出

2009年8月3日於3755點買入

採用20日高點突破進場，跌破出場；4月半月，總計獲利626點，一口賺31300元台幣

▶圖3-8 台灣黃金期貨2009年6月～2010年2月走勢圖，使用海龜進場法

　　當然這個出場方式同時也可以用在建立進場部位，這在八〇年代是一個很好的方式，但現代較建議用於出場。因九〇年代之後，許多大型基金及主力熟知此方式，故意在行情接近突破點時奮力拉抬，讓海龜們進場建立部位，之後反手賣出拉抬部位，因此反覆假訊號較多，且大部分是錯誤訊號，讓使用此方式進場的投資人報酬率大大降低，一般這在歐美俗稱「煮龜湯」。

　　在2008年之前，用於台灣加權股價指數的交易績效不錯，但在2009年之後績效大幅下滑，也許是剛好最近的績效不好，也或許是跟市面上出了許多海龜交易的書籍有關也不一定，不過用在出場上，仍然是一個好方式。

移動停損最常使用在已獲利之部位出場，例如：

✱ **在期貨交易上使用移動平均線進出，但遇到大波段時，若仍**
用此方式出場，則獲利可能會因此被大幅侵蝕，故當獲利已
達5%以上時，可改採過去三天高（低）點出場原則。

先舉一個實例來說明：

2007年7月下旬，行情波動開始加劇，若仍以傳統20日簡單移動平均線進出，那麼大部分未實現利潤將會被嚴重侵蝕；另外對獲利已經超過5%的部位改採追蹤停損方式，績效將會大幅改善。下圖討論三筆盤中曾獲利5%以上之交易。

▶圖3-9 台灣加權股價指數期貨2007年8月～12月日線走勢圖

關鍵價位

1. 第一筆交易：使用移動平均線，待收盤站回到20日線時，於8700點作多（A處），在跌破20日線時以9324點出場（C處），賺得624點；若使用移動停損（利），則在9591點出場（B處），賺891點，兩相比較多賺267點。

2. 第二筆交易：行情收盤跌破20日均線進場作空，價位9230點（D處），於站回移動平均線8704點（F處）時出場，賺526點；但使用移動停損（利）則買回在8492點（E處），賺738點，多賺212點。

3. 第三筆交易：行情收盤跌破20日均線進場作空，價位8499點（G處），於站回移動平均線8327點出場（I處）時，賺172點；但使用移動停損（利）則買回在8105點（H處），賺394點，多賺222點。

4. 圖中省略解釋三次失敗的交易，因為收盤時最大獲利並未達到5%，故沒有使用追蹤停損出場方式，仍使用移動平均線出場。

光是2007年下半年合計就多賺701點，多賺的報酬接近10%，在2008、2009年甚至2010年均有多筆類似情況，出場的重要性可見一斑。

▶圖3-10　比較2008年1月～4月使用20日移動平均出場與追蹤停損
（利）差異

1. 第一筆交易：使用移動平均線，則當收盤跌破20日線時於
   8110點作空（A處），站回20日線時7897點出場（C處），賺
   213點；若使用移動停損（利），則於7750點出場（B處），
   賺360點，多賺147點。

2. 第二筆交易：行情收盤站回20日均線，於價位7897點（C
   處）時進場作多，並在跌破移動平均線8190點（E處）出
   場，賺293點；但若使用移動停損（利）則買回在8416點（D
   處），賺519點，多賺226點。

3. 第三筆交易：行情收盤站上20日均線，於價位8336點（F
   處）時進場作多，並在跌破移動平均線8331出場（H處），

關鍵價位

小賠5點；但若使用移動停損（利）則買回在8685點（G處），賺349點，多賺354點。

4. 圖中省略解釋一次失敗的交易，因為收盤時最大獲利並未達到5%，故沒有使用追蹤停損，仍使用移動平均線出場。

> 上圖中也可以清楚看出，2008年使用20日移動平均出場與使用追蹤停損出場之差異，三次交易總計相差727點（147＋226＋354＝727），短短一季左右的時間，損益一口氣相差145400元。

＊ 當持有的某檔個股超過兩週仍未獲利，此時為了轉進較強勢個股，可於個股跌破過去十日低點時停損出場。

我們使用波段關鍵價位進場，理論上價位在一個波段趨勢中不會停留太久，但由於進場時處在一個波段突破高點的附近，考量到價位的風險可能偏高，故通常在兩週（約十個交易日）內仍無法獲利後，之後從第一天開始即可使用追蹤停損，及早出場以免非得採用硬停損；但如果是底部的趨勢改變（觀察行情如果先前已經跌了連續超過三個月），**通常風險較低，可能是起漲的第一個波段，這時持有的時間可以稍微久一點，觀察四週是個不錯的選擇。**

以下舉例說明：

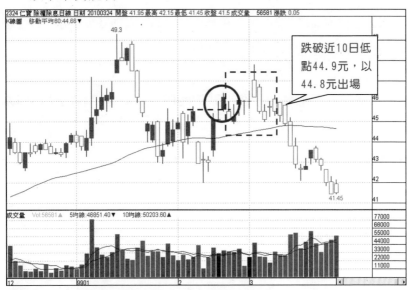

跌破近10日低
點44.9元，以
44.8元出場

▶圖3-11　仁寶2009年12月～3月日K線走勢圖

1. 2010年2月22日紅K突破波段買進關鍵價位，以46.2元進場作多。

2. 持有兩週後（十天後，不包括買進日），仁寶收盤價45.5元仍未獲利，故隔天開始採用追蹤停損十日低點出場。

3. 追蹤第2日，3月10日盤中低點來到44.8元，跌破2月24日低點44.9元，故出場，持有十二個交易日，損失1.4元（約3%）。

4. 留意！在期貨的交易裡，我們是觸價即出場，但在股票的交易上，我們會跌破才出場，這是因為股票在支撐某個價位或來回測試的機會比期貨高。

關鍵價位

也許有人會有疑問，如果持有第十天剛好有小賺，但第十一天卻沒有賺，此時要採用追蹤停損嗎？或者買進之後就一路往下跌，根本來不及做追蹤停損怎麼辦？

當遇到一買進就開始往下跌的時候，我們通常有兩個出場方式：

1. **波段關鍵價位與買進價之間的低點（詳見第二章）。**
2. **硬停損──20元以上10%停損出場；20元以下15%停損出場。**

至於買進後十天是賺錢，到第十一天或十二天甚至更多天卻開始賠錢的問題，我們用下面的圖說明：

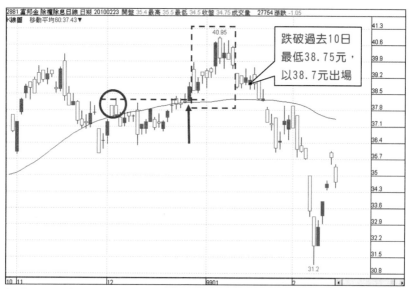

▶圖3-12 富邦金2009年11月～2010年2月走勢圖

1. 2009年12月3日很險要的出現一個波段買進關鍵價位38.3元
   （圓圈處），但到了12月28日才出現突破波段關鍵價位的紅
   K，於38.8元買進。

2. 兩週（十個交易日）內一直處於獲利的狀態（上圖虛線框
   處），但在第十一個交易日時，行情卻突然下跌變成虧損狀
   態。

3. 開始採用追蹤十日低點停損出場，若行情能立即拉上去，即
   可修正結束。

4. 在第14個交易日時，1月18日盤中跌破過去十個交易日的低
   點38.75元，於是以38.7元出場。

5. 當我們買在趨勢往上突破時，理論上價位應該延續先前的趨
   勢向上挺進，即便是回檔也不應太久或幅度太大；若時間太
   久沒有向上突破，就應該找機會出場換股交易，而非抱住
   不放，以非理性的言論抱怨：「每次我一賣就漲，不賣就不
   漲！」

6. 用此方法雖然常錯殺一些個股，但卻不失為抽出資金再換另
   一檔個股的好時機。

關鍵價位

💬 收盤價創新高（低）後移動停損

此方式多用於**股市交易**上，因為股票的波動較指數大，停損移動的速度較慢（移動式停損多用於期貨）。**通常適用於進場兩週或四週後已獲利、短期突然上漲或已達目標20%以上的股票。**

出場方式

若收盤價未創新高則不改變停損點，只有在**收盤價**高過前一高點時才改變停損點位置。

❗ 優點：若行情處於區間整理的膠著狀態，沒有突破就不符合出場條件，必須等到行情轉變時才可出場，是個很穩定的交易方式！

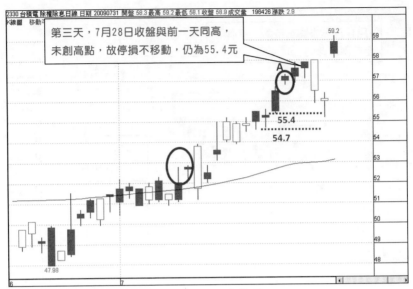

第三天，7月28日收盤與前一天同高，未創高點，故停損不移動，仍為55.4元

▶圖3-13　台積電2009年6月～7月日線走勢圖

1. 台積電7月10日突破7月1日波段關鍵價位52.22元，以52.78元進場，兩週後7月24日收盤創下進場後高點（A處），這時以前兩天之低點54.7元為停損點，未來收盤價只要低於54.7元即出場。

2. 7月27日收盤再突破7月24日高點，創進場後新高，改以7月27日為計算基準，停損移動至前兩天之低點55.4元。

3. 隔天7月28日收盤價57.9元與進場後之最高點（即前一天高點）同高，定義上未達創新高之標準，故停損停留在55.4元。

關鍵價位

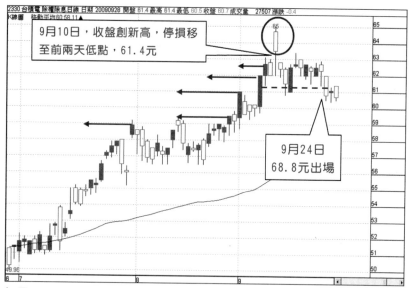

9月10日，收盤創新高，停損移至前兩天低點，61.4元

9月24日
68.8元出場

▶圖3-14 台積電2009年7月～9月走勢日線圖

1. 承圖3-13，說明部位持續持有，接下來一個多月又創了五次收盤新高，停損也移動了五次。

2. 9月10日台積電開高走低，收盤創下進場後高點，故停損移動至兩天前的低點61.4元。

3. 十個交易日後，9月24日台積電突然下跌，收盤時跌破61.4元，以60.8元作收，立即出場。

4. 此次操作於52.78元進場、60.8元出場，總計獲利15.2%。

我們再舉一個例子，使大家更清楚創新高再移動停損的方式：

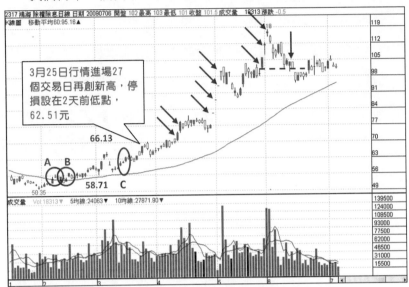

圖中文字：
2317鴻海 除權除息日線 日期 20090706 開盤 102 最高 103 最低 101 收盤 101.5 成交量 18313 漲跌 -0.5

K線圖 移動平均60:95.16▲

3月25日行情進場27
個交易日再創新高，停
損設在2天前低點，
62.51元

66.13

58.71

A B

C

50.35

成交量 Vol:18313▲ 5均線:24063▼ 10均線:27871.90▼

▶圖3-15 鴻海2009年2月～7月還原權值走勢圖

1. 2009年2月9日鴻海出現波段買進關鍵價位56.64元（A點）。

2. 2009年2月16日收盤57.08元，故在當日收盤價附近買進（B點）。

3. 在持有部位的期間，大部分的時間均有獲利，但3月初的高點僅來到66.13元，獲利15%，未達20%的標準，於是暫時持有部位至四週後再決定（因為2008年已跌了大半年，先採用二十天觀察期）。

4. 四週（二十個交易日）後，3月16日收盤價61.47元（C點），雖仍獲利，但利潤實在有限，這時先以3月5日收盤高

關鍵價位

點的前兩天之低點58.71元為出場點（若當時仍未獲利，可採過去十日低點之追蹤停損出場）。

5. 七個交易日後，3月25日鴻海收盤再創進場後新高，故出場價位移至兩天前（不含3月25日當日）的低點62.51元。

6. 接下來數月，鴻海九度創收盤價之新高（箭頭處），2009年6月2日將出場價位移至兩個交易日前——5月27日之低點101.3元。

7. 九天後，6月12日收盤價位跌破101.3元，以101元收盤，故於當天出場。

看起來是否很複雜？其實不會，我們僅將先前所提的出場方式交互運用而已。

1. 在進場前你一定知道，目前是在長期空頭之後（如2008年的大跌）或者只是在一個波段的拉回而已。

2. 首先一定要知道「硬停損之價格」及起始停損價位（前一章有說明）。

3. 若持有兩週（或四週）後都沒有停損，則應確認目前有沒有獲利？若仍虧損則開始採用過去十日追蹤停損。

4. 若已獲利則採用創新高後開始停損（利）。

5. 獲利出場。

其實步驟非常簡單，只要做過一次就不容易忘記！

其它出場方式

當然也有其它方式可以讓部位出場在更高點，但重要性都不如前述的兩大種類，以下我們介紹其它常用的三種方式：

一 乖離率背離

通常使用在行情（1）相隔二十天以上再創新高，或者（2）漲了一段又突然拉高15%以上（兩根漲停板以上），但乖離率指標並未創新高（本書中採用60日的乖離率）。

以乖離率的公式來看，只要這次股價來到高點後，離移動平均線的距離沒有比上次高點遠，即會產生乖離現象，且因為這一波上漲的速度比上次慢，所以再往上的機會可能會變小。

關鍵價位

▶圖3-16 仁寶2009年7月～2010年2月走勢圖

　　事實上這樣的出場原則主要是著眼於股票的動能可能不夠，因為再一波的上漲速度較慢，所以當行情不再創新高即立刻出場，並希望能出場在波段的相對高點。

　　若以圖3-16來看：

1. 仁寶以波段關鍵價位28.17元進場，到A點38.35元已賺了29%，因為採用創新高移動停損（利），價位覺得可能會不好，於是心中實在很想出場，但目前的乖離仍未背離，股票動能仍在，決定持有一陣子再說。

2. 股價在B點時最高價39.95元，且在第二天小幅拉回時，乖離

率就已明顯背離，但可惜A點與B點相隔太近，不符合出場原
則；我們想的是較大的波段高點出場，雖然可能會因此失去
一些最好的出場點。

3. 到了C點，股價最高來到41.8元，行情持續二次背離，可惜
又因為C點離B點僅有十一個交易日，亦不符合出場原則。

4. 到了D點，股價最高來到43元，背離持續發生第三次，但又
因C點與D點太近而不符合原則，此時許多跡象皆顯示股價上
漲動能已愈來愈弱。

5. 到了E點，股價最高來到44.9元，又產生了第四次的背離，
但這次D點與E點已相隔二十日以上（10月20日～11月17日，
滿二十個交易日），以波段距離來看符合出場原則，故當次
日行情不再創新高時，以收盤43.95元出場，總計獲利56%。

6. 事後來看，最好的出場在F點的次日48元，但出場後換股交
易不失為另一個不錯的選擇。

依照背離出場在高點其實需要一些運氣，因為許多背離相隔
天數較短，而這些小波的高點常常會一次背離、二次背離、三次
背離……，要出在真正的高點實在不容易，投資人常常會被騙出
場，即常說的被洗出場。

關鍵價位

舉兩個圖再說明一下：

▶圖3-17 台新金2009年1月～9月走勢圖

1. A點與B點之間沒有背離產生，持續持有部位。

2. B點與C點之間也沒有背離產生，持續持有部位。

3. C點與D點之間產生了背離，只要行情回檔第一天即出場。

4. 這個例子可以出場到相對高點，算是幸運。

▶圖3-18 佳世達2009年2月～6月走勢圖

1. 圖中似乎可以很容易的找到出場點，但在實際的交易裡，盤
   中是容易迷失的，我們必須在每次創新高時就追蹤一次背離
   的情況。

2. 圖中雖然A、B、C、D連續四次背離，但相隔時間短，不符合
   我們的出場條件。

3. 然而D與E之間並沒有背離產生，E點卻是最佳的出場點；就
   算D與E間有背離，也會因未滿間隔二十日以上，不符合我們
   出場的條件。

4. 如果有人提出：若因A與E的背離而出場，那麼早在A與D的背

關鍵價位

離時就該出場了，但是在E點沒出現之前，我們根本不知道還會漲那麼一段。

5. 這個例子中，背離出場的價位我們沒法掌握住，所以並非所有的股票都可以用這種方法出場在相對高的價位，只是有時可能偶來神來一筆的出場。

■ 關鍵反轉（Key Reversal）

當行情漲升一段（通常指已經賺了20%以上）或連續漲停拉升時，若接下來突然出現巨量長黑的走勢，則可於當天出場，它應該符合：

1. 目前價位正處於波段的最高點。

2. 開盤比前一天高點高（跳空）。

3. 量應大於5日均量。

▶圖3-19 宏碁2009年2月～8月走勢圖

1. 2009年5月5日宏碁開高走低，形成一個關鍵反轉的走勢。

2. 宏碁在2009年從來沒有這麼高價，開盤價是在波段的高點。

3. 宏碁5日平均成交量38987張，而當天成交量43944張，明顯高於5日均量。

4. 嚴格來看，其實當日反轉的情況並沒有想像中多，許多開高走低的走勢都被誤認為反轉走勢，但先前走勢若無明顯急速拉升，則行情之開高走低未必是當日反轉。

關鍵價位

▶圖3-20 國泰金2009年3月～7月日K線走勢圖

1. 2009年5月6日（A點），行情經過一段拉升，當日收紅K，並未開高走低收中長黑K，不符合當日反轉要件。

2. 2009年6月8日（B點），雖然開高走低長黑K，且量突破5日均量，但未在波段相對高點，仍不符合反轉要件。

三 一段時間內未創新高時賣出

出場方式：

當你持有的股票在行情（大盤）變動一段固定時間（二週，約十天）後，卻沒有明顯上漲，此時應將手中持股賣出。

使用時機：

手中持有部位可能已有獲利，想找時點出清，或是持有此檔股票一個月以上卻沒有績優表現，食之無味等。當股價短期未創新高，就可以使用此方式出場，雖目前價位並非最好出場時機，但行情已拉升一段，明顯應該要出場以免因資金無法充分掌控而失去動能。

行情幾乎沒變化代表往上漲或往下跌的力道皆不夠，因此應先出脫手中持股，等到較強勢時再買進。

關鍵價位

圖中標示文字：
- 2885 元大金 除權除息日線 日期 20090616 開盤 20.66 最高 21.10 最低 20.06 收盤 20.66 成交量 33821 漲跌 --
- K線圖 移動平均 60 20.24 ▲
- 25.76
- 再創25.76元後，未來兩週未創新高，於5月25日出場
- A，STOP：22 元
- 11.49
- 成交量 Vol:33821▼ 5均線:42044▼ 10均線:45640.10▼

▶圖3-21 元大金2009年3月～6月走勢圖

1. 元大金2009年4月30日後出現五根漲停板，原可獲利了結出場，卻擔心賣掉股票後後續看漲，因此選擇續抱股票，一方面採用收盤創新高之移動停損，另一方面觀察股價一段時間（二週），若創新高則續抱，未創新高則賣出。

2. 2009年5月7日為第五根漲停板（收盤價25.4元），從2009年5月8日開始起算二週內盤中價位是否有創新高。

3. 5月11日盤中漲至25.76元再創新高，於是繼續持有，並重新觀察之後二週的股價變動，直至5月25日盤中均未再創新高，以23.38元出場。

後記

1. 細分後各位應可發現，實際上出場只有分成虧損時如何出場及獲利時如何出場兩大類。

2. 而獲利出場的方式分成達到目標區（此處設20%）後出場及一段時間內（通常是兩週）未達獲利目標區出場兩類。

3. 出場方式雖然不少，但各位可以發現，這些方式都大同小異，均趁股票上漲力道減弱時出場，並非設定一到目標區立刻出場。

4. 就算設定出場目標，也是待價格到達目標後，再採用追蹤出場方式、背離、無法再創新高或反轉等方式出場。

5. 我們均給進場股票一段觀察時間（通常兩週），若在底部（如行情已連跌三個月）可觀察久一點，但走勢不強應考慮出場（此為未達目標區之出場）。

6. 除本章的出場方式外，下一章提到換股後的資金管理，這是我們最常用到的出場方式。當股票走勢沒想像中強勁（通常設定為二週，未達獲利目標20%但又未到停損價），而你又觀察到另一支更強勢的個股，這時賣掉弱的（有時根本沒虧）再買進強的，才是股票最常用的出場方式。內容詳見第四章。

7. 承上項，所以在多頭時，大部分的出場都不是用出場來思考，而是用另一個進場（買進強勢股，汰換較弱勢股）來思考的。

8. 這真的不複雜，千萬不要混亂掉！

關鍵價位

練習題

1 旺宏（2337）股票按照波段買進關鍵價位進場，於2010年
3月9日以17.9元買進10張。請問若未來走勢不如預期，停
損點在哪？

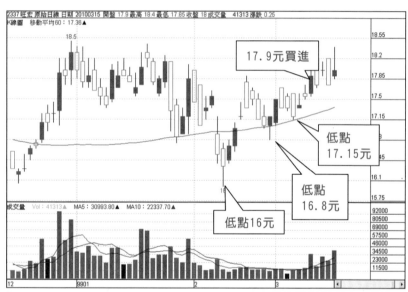

▶附圖3-1 旺宏2010年3月9日走勢圖

解答1：

　　進場後，我們最重視的出場點有二：一為固定金額出場（硬停損），二為波段關鍵價位與進場點之間的低點。

1. 在此例中，由於旺宏價位不足20元，故固定金額停損設定為進場後跌15%即出場，停損價位15.215元，此價位離進場價很遠。

2. 另一個停損價位在波段關鍵價位與進場價之間的低點，在此例中為17.15元。我們比較15.215元與17.15元，誰會先被觸及？答案很明顯，是17.15元，故只要收盤價跌至17.15元即出場，不用等到觸及15.215元。

3. 請留意，我們在每一次的進場，就已考慮了兩種停損方式，先把最糟的情況設定好才開始決定出場點。現在你已經知道風險了，接下來就端視你的執行力了！

關鍵價位

2 本書介紹的追蹤式停損有兩種，一種為移動停損型，另一種為突破移動型。下圖為台灣加權股價期貨走勢圖，假設某投資人採用20日移動平均線進場，獲利5%使用移動停利出場，若無則以移動平均出場或硬停損出場，請問投資人在2010年3月1日於7571點（A處）進場後，將於何價位出場？請標示出來。

▶附圖3-2 台灣加權股價指數期貨2010年3月～5月走勢圖

解答2：

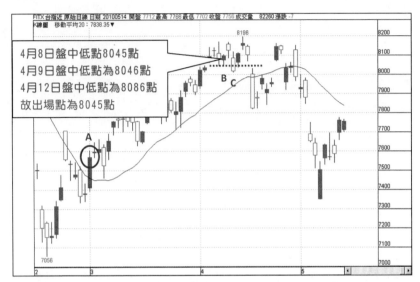

4月8日盤中低點8045點
4月9日盤中低點為8046點
4月12日盤中低點為8086點
故出場點為8045點

▶附圖3-3　台灣加權股價指數期貨2010年3月～5月走勢圖

1. 賺5%之價位為7950點（7571點×1.05%＝7949.55點，無條件進位）。

2. 故於3月1日進場後，守移動平均線為出場，即行情若跌破移動平均線則先出場，但3月1日至4月中旬無跌破20日均線之行情。

3. 3月29日收盤7956點，故次日開始使用移動停損方式守三日低點，盤中觸價即停利出場。

4. 4月13日，盤中跌破4月8日的低點8045點（B點），故4月13日即以盤中8045點出場（C點）。

5. 總計獲利為：進場7571點、出場8045點，獲利474點，共
94,800元。

3 追蹤式停損本書介紹兩種，一為移動停損型，另一種為突
破移動型，雖然移動停損多用於期貨，但本書亦有介紹
其在股票之運用，請問宏碁（2353）於95元（B點）進場
後，若運用移動停損，應在何處出場？

▶附圖3-4 宏碁2010年1月～4月日線走勢圖

解答3：

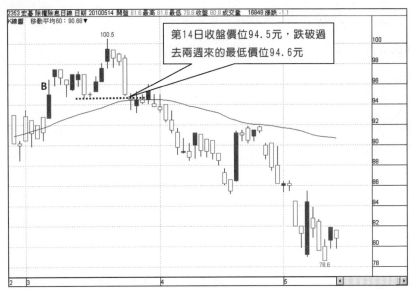

第14日收盤價位94.5元，跌破過去兩週來的最低價位94.6元

▶附圖3-5　宏碁2010年3月～5月日線走勢圖

1. 在宏碁突破買進關鍵價位（A點）後，於3月5日以95元（B點）進場。

2. 本書使用移動停損的時機，建議是在進場兩週後仍無獲利時，若有獲利則不用此方式。

3. 因為是突破波段買進關鍵價位（A點）進場，理論上應站在趨勢中，但持有兩週仍未獲利，部位立於明顯趨勢的機會大增，故應採追蹤停損及早出場，將資金投入其它強勢股票較好。

4. 進場後第十三天，3月24日部位開始沒有獲利，故採追蹤停損。

關鍵價位

5. 進場後第十四天，3月25日，跌破過去兩週的最低點94.6 元，故停損出場收盤價位在94.5元。

6. 因為有停損，故避開了接下來的下跌弱勢。

4 收盤創新高後停利（損），這是已經獲利的出場方式，與前提的停損不同；收盤創新高後追蹤出場多用於股票。請問，假設你已持有零壹科技（3209）獲利超過20%以上，若採用收盤創新高後停利（損）方式，請問出場價位為何？你能標示出來嗎？

▶附圖3-6 零壹（3029）2010年2月～5月走勢圖

解答4：

　　事實上這檔個股使用此方法的出場價位比想像中低一些，出場的位置如圖B所示，價位在32.6元，比預期價位34.45元低。

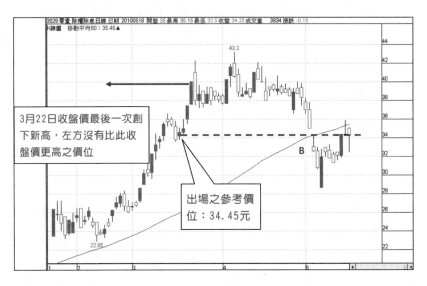

▶附圖3-7　零壹2010年1月～5月走勢圖

1. 收盤創新高是指收盤價格，3月22日進場後發現沒有價格比收盤價更高，於是我們開始追蹤前二天的最低點34.45元，若行情收盤未能創新高則不移動出場點。

2. 4月份零壹高檔震盪，收盤價皆未能比前一高點42.3元來得高，故出場價位未能移動。

3. 5月5日行情跳高下跌，收盤價跌破34.45元，收盤價位在32.6元，故在接近收盤前以此價位出場。

關鍵價位

5 下圖為凌陽（2401）2009年7月～12月走勢圖，若於20元附近進場，採用背離方式出場，則出場價位應在哪兒？請標示出來。

▶附圖3-8 凌陽2009年7月～12月走勢圖

解答5：

▶附圖3-9 凌陽2009年7月～12月走勢圖

1. 先說明，當行情真正在走的時候，看到A點根本不知道會有B點的價位出場，而看到B點也不會知道有C點的價位出場，我們純粹判斷行情是否向上，走勢有無減弱。

2. A點與B點之間確實有背離，但不符合相隔二十日以上或上漲15%以上的條件，故不出場。

3. B點與C點間並未背離，行情向上力道仍強。

4. C點與D點之間產生背離，且相隔二十日以上，符合條件，但因走勢減弱，故於回檔第一天11月12日時，以30.45元出

關鍵價位

場，獲利52.25%。

5. D點出場是由於上漲力道減弱，當時並不知行情後續會有E點
及F點之價位，否則可能會出場在再次背離的F點次日。

6 下列三張圖分別是玉山金（2884）、華泰（2329）、佳世
達（2352）三張走勢圖，請問哪些點出現了當日反轉的出
場訊號？請標示出來。

▶附圖3-10　玉山金2010年1月～5月走勢圖

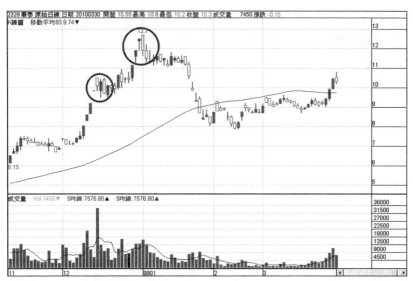

▶附圖3-11 華泰2009年11月～2010年3月走勢圖

▶附圖3-12 佳世達2010年1月～5月走勢圖

關鍵價位

解答6：

▶附圖3-13　玉山金2010年1月～5月走勢圖

1. 圖中A點在1月11日確實出現開高走低的中黑K走勢，且價位在波段高點附近，但成交量並未超過5日均量，不符合當日反轉走勢。雖然事後證明這是波段高點，但當時下跌呈現量縮，無法斷定行情是否反轉，這也是技術分析偶有不足之處。

2. 圖中B點在2010年4月12日，同樣開高走低出現波段高點，但量能仍無法滿足5日均量，故無法斷定是當日反轉走勢。

▶附圖3-14　華泰2009年11月～2010年3月日線走勢圖

1. 華泰在2010年1月4日出現開高走低的走勢（B點）。

2. 這是一個完美的當日反轉走勢，不僅出現在波段高點，成交量也越過了5日均量。最好的是此一波段已經上漲超過100%，連最後一個波段都上漲超過20%。

3. 至於2009年12月15日之中黑K（A點）同樣是開高走低，成交量亦擴張到34473張，但由於當日仍然持續上漲的黑K，不符合當日反轉出場，可暫時用收盤價創新高後移動停損出場方式來追蹤走勢。

關鍵價位

▶附圖3-15 佳世達2010年1月～5月走勢日線圖

1. 2010年4月30日（B點），行情開高走低且中長黑K及成交量
   均符合當日反轉出場。

2. 唯一的疑問在於此價位距季線並不遠，才剛進場就遇反轉是
   否太早。

3. 仔細看此走勢，佳世達從2010年2月8日14.1元低點向上走
   揚，4月30日（B點）爆出此波段之當天量為32691張，所以
   是下跌走勢，理應先行出場。

4. 至於2010年3月9日（A點）看似類似，但當時是上漲而非下
   跌的黑K，故可先觀察，不用立即出場。

7 你持有零壹科技一段時間，但3月下旬後已無太大表現，若採用一段時間無創新高方法，請問將於何時出場？

▶ 附圖3-16　零壹2010年1月～5月日線走勢圖

關鍵價位

解答7：

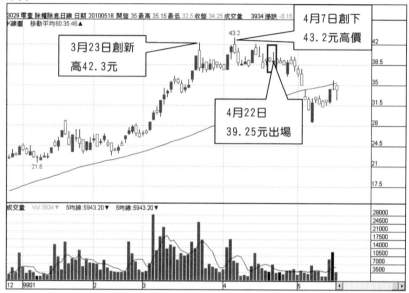

3029 零壹 除權除息日線 日期 20100518 開盤 35 最高 35.15 最低 32.5 收盤 34.25 成交量 3934 漲跌 -0.15
K線圖 移動平均60:35.46▲

4月7日創下
43.2元高價

3月23日創新
高42.3元

43.2

42

38.5

35

31.5

28

24.5

21

17.5

4月22日
39.25元出場

21.6

成交量 Vol:3934▼ 5均線:5943.20▼ 5均線:5943.20▼

28000
24500
21000
17500
14000
10500
7000
3500

12 9901 2 3 4 5

▶附圖3-17 零壹科技2010年1月～5月份日線走勢圖

1. 若你從3月中旬開始追蹤，可發現零壹科技於3月23日創下當時波段高價42.3元。

2. 十個交易日內，零壹科技又於4月7日創下43.2元的波段高價，這時已想出手獲利了結，但仍想觀察是否能續創高價。

3. 之後十個交易日內，零壹科技僅於4月15日來到42.1元的價位，並未能再創下高價，故於第十一個交易日4月22日以39.25元出場。

第四章、資金管理

關鍵價位

　　如果今天要開一家店做生意，你會選擇經營什麼樣的店呢？是小吃攤，還是要跟銀行借錢開一間大餐廳？是大眾化服飾，還是貸款來代理名牌精品？每個人的偏好都不同，但是一定有同樣的目的——賺錢。如果你選擇經營平民化店面，則進入門檻沒那麼高，只要做小本生意就有機會賺到錢；但是貸款來開精品店呢？為了打造精美的購物環境吸引高消費客群而砸下重金裝潢，或許最後可能血本無歸，但也可能吸引到大把大把的鈔票與商機。

　　投資股票與期貨跟做生意的道理相似，做股票較容易賺取穩定的獲利，但不容易賺取較多的超額利潤（如同小吃攤）；期貨則是利用高槓桿操作，只為在對的時機賺取更大的利潤（如同代理名牌的精品店）。並非每個人做生意都會成功，正如不是每個人做交易都能賺大錢；做生意有可能血本無歸，做交易也可能傾家蕩產，而對於這種不確定性，我們稱為「風險」。

　　穩賺不賠的機會少之又少，因此必須學會控制風險，同時提高資金運用的效率，讓投入的資金做更有效的分配及運用，這也是之所以學習第四章的原因。

學習資金管理的兩個精神分別是：

1. 好的資金管理雖不能讓錯誤的交易由虧轉盈，但可延長交易的壽命。

2. 如果能有效管理資金的運用，則正確的交易會隨著時間增加而加快獲利的腳步。

我們將本章分為兩個小節，分別講授期貨與股票的資金管理方式，因為這兩個商品的特性不同，風險程度也不一，所以控制風險的方式也有些許不同之處。

如何面對風險並且控制風險？這必須視你對風險的態度而定。投資人選擇承擔風險的背後，有個重要的目的：賺取高於市場平均報酬的獲利——這也是必須做好資金管理的重要原因。若資金管理做得不好，即使再好的交易方式與計劃，也可能因為運氣不佳而無法達成。

舉例來說，假如你發現一個有將近90%機率可以幫助你在市場上賺到錢的交易方式，你可能會毫不猶豫的運用在期貨交易上，以賺取這十拿九穩的獲利；你可能覺得穩贏了，但是從小到大所學習的數學告訴我們：假如你有0.9的機率會贏，代表仍有另外0.1的機率會輸。

是否可能第一次就遇到這0.1的機率？那麼連續兩次、三次

關鍵價位

甚至十次、二十次遇到呢？當然有可能，只是機率很低！你必須事先做好最壞的打算，而資金管理則是串連我們前幾章所講的內容，讓交易就算運氣不佳的情況之下，也保有最大成功的機會。

在沒有發生其它特殊狀況下，LTCM的交易策略應該會成功，但卻因為流動性問題造成巨大的虧損。細數過去全球發生的重大虧損事件，哪一個不是投資專家或對產業非常了解的人？1995年霸菱銀行「李森事件」的14億美元、1996年住友商社「銅事件」的26億美元、2004年中國航油的5.5億美元事件、2005年中國國儲銅事件的9.2億人民幣、2008年法國興業銀行虧損72億美元。每個事件的交易員主角對於該產業或交易均十分熟悉，但仍造成重大虧損。也許這些事件對我們來說太過遙遠，但921事件、911事件或319槍擊事件時，你是否有超過可容忍的重大損失？2008年金融海嘯時，有超過容忍幅度的重大損失嗎？如果有，風險的控制可能要再多留意一下！

通常發生讓人意想不到的事件時，就容易讓人傾家蕩產，而這樣的事件，我們稱為「黑天鵝效應」，或是用「厚尾（fat-tail）模型」來解釋。厚尾常發生嗎？它絕對比你想像中還常發生。假設台股價格漲跌為常態分配，理論上來說，發生超過5%漲跌的機會是1／1250，幾乎每五年才會出現一次，但實際發生頻率卻是每半年不到就有一次——「意外」比你想得更常發生。

☆黑天鵝效應☆

符合出現在一般人期望範圍之外、事件發生時帶來極大衝擊、事件發生後常讓人設法解釋成可預期但都屬事後諸葛等三項特性。

☆厚尾（fat-tail）模型☆

股價的變動率並不是服從常態分配，而是有著極端值比例偏高的情形。以白話解釋：股市暴漲暴跌的機率比常態分配還要來得多！

　　如何避免空有理想與抱負卻一進場就被抬出場？資金管理就是很重要的管控方式，也是在市場上存活很重要的事！那麼如何做才是正確的資金管理，讓風險降低且資金效率提高？介紹幾個方法如下：

關鍵價位

期貨市場中的資金管理

💬 一般性原則

一般性原則並不牽涉到複雜的數學運算，也不討論特殊交易的加減碼，只單純針對停損比率與資金使用率設限，也因為是很基本的限制，所以是投資人在交易時至少必須堅守的部分；又稱保守原則。

一般性原則可簡單分為以下兩項：

每次交易的停損不得超過總資金的5%上限

例：

若你準備100萬元的資金做一口台指期，這筆交易的停損上限就是5萬元：$\$1,000,000 \times 5\% = \$50,000$

也就是說，當你單筆交易進場後，虧損超過250點（5萬元）時，就該當機立斷，停損出場：$\$50,000 \div 200 = 250$（點）

📍 註：「大台」每點價值為200元。

例：

　　我們也可以用一般性原則來反推所需要的交易資金。假設做當沖交易，在衡量自身風險承受能力後，設定停損為50點，如果想進場做一口小台，需要準備多少錢呢？想進場做大台，需要多少錢呢？

　　註：「小台」每點價值為50元。

　　停損50點，小台每點價值50元，所以停損價為2500元：
$50 × 50 = $2500

　　依據一般性原則，總資金5%為停損上限，因此若要承受2500元停損，則至少須準備 $50,000元。

　　你可以驗算一下：$50,000×5%＝$2,500（元）

　　以此類推，進場做大台指則至少須準備20萬元（可用上述方法計算，也可以將做小台的錢×4倍）。

關鍵價位

資金使用率以50%為上限，並且有賺錢才能加碼

例：

假如你有100萬，想要做一口大台，而保證金為10萬（保證金隨時會變動，為了方便計算，我們以10萬為基礎），此交易的一般性原則為何？

1. 依一般性原則中的停損原則，每次交易的停損不得超過總資金的5%上限，所以投入100萬元做一口大台時，若不幸虧損，則最多單筆虧損累計5萬元時，就應當機立斷出場；當然實際在交易時，停損能低於5萬最好。

2. 依一般性原則中的資金管理原則，資金使用率以50%為上限並且有賺錢才能加碼；於此例中，資金100萬元，保證金10萬元，若資金使用率上限為50%，則手中最多可持有五口期貨部位。

許多人會認為這樣的部位限制過於嚴苛，但實際上真的是如此嗎？交易時一直強調要順勢、控制風險，這樣持有部位並不會太緊，僅是一般性的原則而已，以下我們舉例來說明這樣的制度與限制：

例：

　　若股價指數後勢看漲，你賺了150點之後決定要加碼，請問最多可以買幾口期貨呢？

答：漲多少就能買多少。

1. 由於你有100萬元資金投資一口期貨，若資金使用率最高限定為50%，代表資金使用上限為50萬（剩下50萬保留做資金控管，以防意外）。

   假設在4000點買進一口大台多單，當行情漲至4150點時，再加買第二口，這時你的總資產為：$1,000,000＋$30,000＝$1,030,000元。

   同時並持有兩口多單，可運用資金為：（$1030000×50%）－$200000＝$315,000元。

   以50%資金使用上限，仍能再加碼3口。

2. 指數再漲150點來到4300點，故已獲利：$300×200＋150×200＝$90,000元。

   此時再買進一口多單，此時已持有三口多單，而總資產為1,090,000元，可使用保證金上限為：$1,090,000×50%＝545,000元。

   但已持有三口多單，故仍有使用245000元，可再加碼二口。

關鍵價位

3. 指數再漲150點,來到4450點,故已獲利:$450 \times 200 + 300 \times 200 + 150 \times 200 = 180,000$元。

  再買進一口多單,此時已持有四口多單,而總資產為1,180,000元,目前可使用保證金上限為:($1,180,000 \times 50\%$)$-\$400,000 = 190,000$元,僅能再加碼一口。

4. 指數再漲150點,來到4600點,故已獲利:$600 \times 200 + 450 \times 200 + 300 \times 200 + 150 \times 200 = 300,000$元。

  再買進1口多單,此時持有第五口多單,而總資產為1,300,000元,目前可使用保證金上限為:($1,300,000 \times 50\%$)$-\$500,000 = \$150,000$元。

  雖然已經有五口多單,但保證金仍有15萬可使用,故仍能再加碼一口。

5. 若指數再漲150點,來到4750點,故已獲利:$750 \times 200 + 600 \times 200 + 450 \times 200 + 300 \times 200 + 150 \times 200 = 450,000$元

  再買進一口多單,此時持有第六口多單,而總資產為1,450,000元。($1,450,000 \times 50\%$)$-\$600,000 = \$125,000$元

  雖然已經有六口多單了,但保證金仍有12.5萬可使用,故未來再漲150點後,仍可再加碼一口。

6. 由於每漲150點就加碼一口,目前已有六口多單,每次都可

增加18萬（150點×6口×每點價值200元＝18萬）的獲利，故下次加碼至七口時，每漲150點就會賺進21萬，其50%的保證金也超出10萬元，故口數至此已不受限制。

這樣的方式符合我們一般性的原則，最大保證金的使用以不超過50%為上限，也強迫投資人在賺錢時才能將部位擴大，以保持資金使用的穩健度（因為當持有大部位時，代表投資人已經賺很多了），不會在部位最大時遭受鉅額的停損而有較大的損失。

保證金最大回檔法

上例中投資人以100萬資金投資一口期貨，雖滿足一般性原則，但無法迅速將部位建立大，閒置太多資金了；許多投資人會認為無法有效運用資金，可能會浪費投資與獲利的機會，該如何改善？你可以使用「保證金最大回檔法」。

此方式著重於提升資金的使用效率，並且在某些狀況下有效管控風險，雖然無法保證有最佳的獲利，但卻能以較安全穩定的方式，幫助投資人評估每次投資的獲利機會，並降低可能的損失所帶來的影響。

關鍵價位

保證金最大回檔法檢視：

觀察過去所有交易歷史中，在淨值最高前的最差表現，並算出當筆交易虧損的幅度，訂定加碼原則——當賺到的錢為過去最差狀況的二倍時才可加碼！這個方式讓交易即使遇到最差情況而虧錢時，也不會增加風險。

例：

假如投資人小明從1998/7/21進入期貨市場交易至今，單筆交易的最大虧損為10萬元，則欲加碼時，須滿足保證金最大回檔法，也就是在新的交易中，進場賺到20萬（最大虧損的二倍）才可在下一次使用二口交易。

例：

假如投資人小新過去交易的最大連續虧損為30萬元，若使用保證金最大回檔法檢視，小新目前持有一口期貨，何時可以再加碼？

答：

保證金最大回檔法考量過去大幅虧損所造成的影響，因此採用過去最差狀況的虧損額乘以2，所得金額便是衡量標準，用以承擔加碼所衍生的風險。

　　此例中，為降低風險，使用保證金最大回檔法時：

1. 考量若再發生最差狀況所需承受的風險，於賺取60萬時才能在下一次交易時使用二口來交易期貨。

2. 若真的不幸遇到歷史上最差的狀況，也只是將賺到的錢賠光，並沒有損害本金，除非遇到比歷史最差狀況惡劣二倍的狀況，才可能開始賠到本金，這時就要回到只做一口的情況。

3. 使用保證金最大回檔法代表投資人過去都有做交易紀錄的習慣，或者以投資人使用程式交易法為前提，因此才會知道「過去最壞」的情況為何。

　　使用保證金最大回檔法之前，建議仍先使用一般性原則來控管部位，等交易一段時間後，紀錄較完整時，再採用此方式較佳，否則投資人根本不知道自己的「最壞狀況」究竟為何。當然，投資人要加大部位時也是等到賺錢之後，若交易無法獲利，自然無法擴大交易部位。

　　使用保證金最大回檔法的優點是簡單易懂、好操作，但並非資金運用使報酬最佳化的最佳方式，下述的「凱利公式」才是將部位與獲利做了最佳的連結。

關鍵價位

🔲 凱利公式

　　凱利公式（也稱凱利方程式）是在期貨市場中經常被使用到的方式，原先是由約翰・拉里・凱利（John Larry Kelly, Jr.）於1956年在《貝爾系統技術期刊》中發表，可計算出每次遊戲中應投注的資金比例。它是用在特定可重覆之賭局中，若有正期望值之長期報酬成長率最大化的公式。除此之外，使用此方程式不會在任何賭局中失去全部的資金，因此不會有破產疑慮。

　　凱利公式後來最常被使用在賭21點，但是21點並非商品或交易，賭21點時，你可能會輸的賭本只限於所放進去的籌碼，而可能會贏的利潤也只限於賭注籌碼的範圍；但商品交易的輸贏程度與賭21點完全不同，會讓資產或輸贏並非侷限於有限的幅度之內，所以當使用在期貨交易上時自然有其限制。當然此方程式假設貨幣與賭局可無窮分割，而只要資金足夠多，在實際應用上「應當」不成問題。

　　由於凱利公式所代表的是長期報酬與部位的最佳化，故在期貨交易上常常被用來控制獲利與部位的大小，這也是一般交易員最常用的部位管理方式。

凱利公式：

$$FK = \frac{(WL + 1) * Pw - 1}{WL}$$

WL（獲利因子）＝平均每筆贏錢交易的獲利金額／平均每筆輸錢交易的虧損金額

Pw（系統獲利準確率）＝贏錢交易的筆數／所有交易的筆數

以下將舉數例讓大家對獲利因子、系統獲利準確率及凱利公式更加清楚：

例：

某甲操作期貨時，設定每筆交易若進場時獲利20點即出場，虧損10點即停損，則獲利因子為何？

答：

WL（獲利因子）＝平均每筆贏錢交易的獲利金額／平均每筆輸錢交易的虧損金額＝20／10＝2

故其獲利因子為2，即某甲每次交易平均賺的錢為虧損的二倍。

關鍵價位

例：

同上例，若某甲所使用的交易方式擁有50%的獲利準確率（Pw＝50%），則算出的凱利公式值（FK）為何？

答：

FK＝〔（WL＋1）×Pw－1〕／WL＝〔（2+1）×50%－1〕／2＝0.25＝25%

上述凱利公式算出的結果為25%，代表可以用25%的資金支持每筆交易。

意思即若某甲有100萬元，則每次進場都可以投入25%的資金（25萬元）在期貨市場，久而久之如果未來仍能維持50%的勝率及二倍的獲利因子，那麼某甲未來的長期報酬將可達最大化。

例：

有一位投資人運用20日MA作為技術分析的判斷依據，得出的交易方式在市場中的獲利準確率（勝率）為30%，獲利因子（WL）為3.51，則這位投資人若用移動平均線交易，可運用多少資金來執行每筆交易？

答：

我們可運用凱利公式計算。

FK＝〔（WL＋1）×Pw－1〕／WL＝〔（3.51＋1）×30%－1〕／3.51＝0.1＝10%

代表可用總資金的10%去做每筆交易（用總資金的1／10做一口期貨）。

例1：

如果你現在有100萬資金，則用10萬去做這一筆交易。

例2：

若你在期貨市場交易賺了大錢，讓總資金由100萬成長至200萬，則以凱利公式計算時，便可用20萬來支持這筆期貨交易。

我們可以利用凱利公式反推一些有趣的事，當然也包括資金管理的一些觀念。從前例中，凱利公式已經幫我們決定了交易模式與使用資金比率的關係，投資人可以用此公式來決定要做多少口。舉例而言，若投資人的交易績效細節已知獲利因子為3，交易勝率為40%，那麼需要用多少資金來做一口期貨的答案便呼之欲出。只要知道凱利值，就可以知道以多少錢來交易一口比較安全了。此例中，凱利公式算出凱利值為：

$$〔（3＋1）×40%－1〕÷3＝20%$$

關鍵價位

故要用總資金的20%做一口大台，而一口大台須繳交7.7萬元保證金（最低承作限度），代表我們至少要用38.5萬來交易一口大台；由此可反推到底要以多少資金來做一口期貨比較安全。

茲再舉一例，若我們已知凱利值為10%，假設一口小台保證金為2萬元，那麼應具備多少資金來做一口小台？

答案當然不困難，因為凱利值僅有10%，代表每次交易用的2萬元僅是你資金的10%，所以資金「至少」需要20萬才能符合凱利公式的比率，否則並不符合長期報酬最大的最佳值。

由這兩例可以說明，交易者過去交易或交易模型的好壞，與資金管理大有關係，愈平穩的交易，每次投入的資金比率可以愈高，或者說你的交易技術較好，就可以使用較寬鬆的資金管理方式；反之，若交易沒有那麼好，則部位一定要建得愈穩愈好。

除此之外，投資人也可以利用凱利公式來判斷投資策略的優劣。假設某投資人只有一筆錢，他必須從下述三種交易方法選其中一個來執行，讓我們一起用凱利公式判斷這三個投資策略的好壞吧！

方法A：Pw（勝率）＝80%，WL（獲利因子）＝0.8
方法B：Pw（勝率）＝50%，WL（獲利因子）＝1.1
方法C：Pw（勝率）＝30%，WL（獲利因子）＝3.5

我們應該選勝率高的方式，還是獲利因子高的方式呢？

答案是：我們應該選擇凱利值（FK）最高的策略A作為投資方案。因為策略A的每筆交易可使用較大的資金，代表如果做相同的部位，A策略的風險是最低的。

從這兒也可聯想到好的交易應該具備的特性：若凱利值高，代表每次交易可使用較大的資金百分比，故追求凱利值極大是交易的目標；但凱利值最大也僅有100%，每次投入全部的資金，代表你的交易根本不會虧錢。然而凱利值達到100是不可能的事，所以我們希望勝率愈高愈好，而獲利因子也愈高愈好，因此在交易模式的處理上可以找勝率高且獲利因子大的交易方式。大多時候由於行情的走勢過於隨機，勝率不易控制，所以在交易上我們會希望可以找到獲利因子大的交易，這又可連接到本書第一章所說的交易節奏：

小賺→小賠→小賺→小賠→**大賺**→小賺→小賠→**大賺**……

只要在交易上不出現大賠的情況，長期下來，獲利因子當可維持在一個水準，接下來只要勝率不要太離譜，獲利應當不是難事。

除此之外，凱利公式也隱含了另一件事：較適用於短線當沖。由於此公式是用在「可重覆之賭局」長期報酬之極大化，若使用於長線交易，則「可重覆」之功能較不彰顯。長期報酬之利

關鍵價位

潤極大化之「長期」會遠比你所想的「更長期」，故實際上的效果較不好；但對於短線的當沖交易而言，每一筆交易後，可重新計算勝率及獲利因子，也可計算一個凱利值，故用此來調整部位及風險的效果較好。

雖然使用凱利公式有明確管控資金的優點，但仍有令人詬病之處；只考慮WL值（獲利因子）與Pw值（勝率）就決定押注金額，在賭局的機率上是沒問題的，但用於交易卻有待改進。

首先，每次交易口數所需之保證金是一個定數，不可能像賭場般分割得那麼細，除非資本真的很厚。

再者，用過去交易績效所算出來的凱利值與賭局上之機率值並不相同，因為行情變化是不確定的，投資人的交易亦不穩定。在系統性的交易上，許多人用電腦回測過去績效來算出凱利值，但回測過去績效的時間不夠長，或者用了過多的最佳化，加上過去績效並不代表未來績效，因此極有可能掉入不利狀況的陷阱，這也是凱利公式在運用上受人質疑之處。

介紹了三個資金管控方法之後，許多人又陷入了迷惑當中：到底要用哪一種？剛開始時，投資人可能沒有交易績效的紀錄，故可先採用一般性原則，儘量控制風險；等到交易可以穩定獲利後，再從最大回檔法或凱利公式中擇一使用，當然每種方式也各有其優劣。

股票市場中的資金管理

上一節已學會在期貨市場中對我們的資金做控管，為何還需要針對股票另外學習一套管控方式呢？因為期貨與股票的交易性質不同，期貨交易可作多也可作空，並且運用槓桿交易，因此風險控管以及資金掌控特別重要，若資金管控不當，則可能短期就造成資金大幅縮水；但是在股票市場中，我們在行情看漲時買進，看跌時選擇拋售，並不會直接放空、持有空頭部位，所以在資金管控上，有與高槓桿的期貨交易不同的地方：

1. 股票市場中的資金管理重點是不斷追尋與持有強勢股。

2. 趨勢偏空時，低持股或不持有股票。

3. 持股比率看大盤的趨勢。

並且搭配資金控管原則：**分批買進，一次賣出。儘量不要在部位最大時承擔最高風險**——這一點倒是與期貨市場一樣。

我們可以想像一下，股票的資金管理是如何運用的：某股票於季線上突破前一高點，趨勢確立，如果分三次買進，第一次用資金的1／3買進，當行情持續向上突破時，再買進1／3，創歷史新高時再買進1／3。但是當行情跌破出場機制時，也應該毫不猶豫將所有持股賣出！

關鍵價位

對於一般投資人而言，在股票市場上的資金管控原則有兩種建議：

1. 1／3、1／3、1／3原則。
2. 1／5、1／5、1／5、1／5、1／5原則。

即波段中可持有不同起漲點的三檔股票（1／3、1／3、1／3原則）或五檔股票（1／5、1／5、1／5、1／5、1／5原則），這兩種原則只有比重不同，選股方式都相同，可依據資金大小及個人喜好選擇其一。

在不同的上漲階段，也有不同的選擇股票方式，大致如下：

趨勢確立後：

　　上漲初期進場→挑選強勢股

　　行情回檔時→抗跌股

　　趨勢確立續強上漲→挑選創新高股

　　上漲後期進場→補漲股

以下我們以1／3、1／3、1／3原則為例，一步步解釋買進及換股之原則。

2009年三月，投資人小毛觀察其股票清單，其中有三檔股票已符合進場時機（註：進場方式的介紹詳見第二章），突破季線上前一高點，可以買進；為了分散風險，小毛將手上資金60萬

元分別買進日月光（2311）、台積電（2330）、裕隆（2201）
這三檔股票，因為剛開始時他並不確定哪一檔個股會漲得較多、
哪一檔會較少，若買進的投資組合中有其中一檔大漲而其它兩檔
股票小漲時，半年報酬就可達到30%或更高了，到時候**再針對強
勢股加碼**或是賣出另外兩檔較不漲的股票，然後**買進其它強勢股
代替。這是小毛當時的規劃，因此買進三檔符合條件的個股**，也
是使用1／3、1／3、1／3原則的用意。

第一步：買進個股

1. 當觀察名單中的股票皆符合進場原則時，由於不知道哪檔股
   票是強勢股，因此將60萬元資金平分成三份，各以20萬元資
   金買進日月光（2311）、台積電（2330）、裕隆（2201）。

2. 確定資金分配後，計算這三檔股票可分別買進的張數並進
   場。

   (1) 2009年2月6日，台積電符合進場原則（突破98/1/14高
       點的波段關鍵價位44元），當時台積電股價為44.7元，
       **$200,000／（$44.7×1000）＝4.47（張）→買進4張
       台積電股票。**

關鍵價位

▶圖4-1 台積電2009年元月～6月走勢圖

　　2009年2月6日，收盤前買進4張台積電，價格44.7元。台積電在股價橫盤整理一個月後順利上漲，這段期間均無觸碰到10%的硬停損，當然也無觸及1月14日之關鍵價位與2月6日進場日之間的低點38.7元，故持續持有。

(2) 2009年2月13日，日月光符合進場原則（突破2009年2月4日高點的波段關鍵價位12.4元），當時股價為12.5元，$200,000／（$12.5×1000）＝16（張）→買進16張日月光股票。

▶圖4-2 日月光2008年12月～2009年3月走勢圖

進場後均未跌破關鍵價位：2月4日之後與進場日2月13日之間的低點11.35元，故持續持有部位；13個交易日後，日月光開始上漲，股價順利脫離成本區。

(3) 2月25日，裕隆符合進場原則（突破2009年2月16日高點的波段關鍵價位14元），股價為14.15元，$200,000／（$14.15×1000）=14.13（張）→買進14張裕隆股票。

關鍵價位

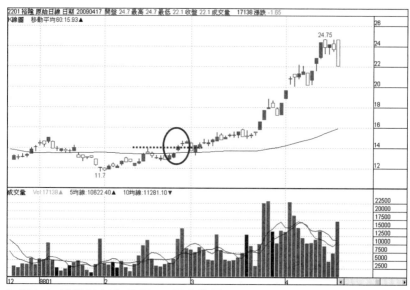

▶圖4-3 裕隆2009年元月～4月走勢圖

2009年2月25日，以收盤前14.15價格買進裕隆股票14張，買進後也於一個月後順利拉離成本區附近。

將投資進場的資金分成1／3、1／3、1／3分批進場有一個主要的目的：降低買賣股票的風險。

投資分批進場，若持有第一檔股票時，相隔數日，又有其它股票陸續符合進場原則（如小毛於2月6日、2月13日及2月26日陸續買進三檔股票），表示整體情勢已經穩定，才會有一些股票陸續在季線上再創高點，否則情勢不穩定，進場其它股票之前，可能已經先行停損（或許小毛的其它觀察股票根本都沒有機會陸

續進場），這樣的時間差讓進場方式能有效確定趨勢已穩定。

除此之外，1／3、1／3、1／3分批進場也使用在投資人，若以10%或15%停損時，不致於一下損失太多交易資金，因為1／3資金以10%停損，才損失總資金的3.3%左右；15%停損時才損失總交易資金5%左右的資金，這樣的風險也符合我們在期貨上的一般性原則，風險也可以更容易管理。

另外，當大盤走勢仍偏空時，最後的1／3部位可以不用再買進，控制整體持股水位，讓持股在1／3或2／3的水準，等到大盤偏多時再持股滿檔。

最後，每檔股票買固定金額，股價高則買的張數少，股價低則買的張數多。許多投資人每次買股票都用自由心證，或習慣買固定張數，這樣的方式會使風險相當不穩定且整體交易較不好控制，故建議以相同金額來買進不同的張數。

關鍵價位

第二步：進場後持續觀察個股走勢→留強汰弱

（必須每週、每月或固定一段時間便確認一次該股票目前走勢是否趨緩）

　　小毛手中持有4張台積電股票、14張裕隆股票、16張日月光股票，買進後股價也順勢上漲；直到三月份，他發現當初買入的三檔股票中，台積電的表現雖然不錯，但3月19日下跌，收盤價跌破了其3月18日收盤創新高後過去三天的低點（見圖4-4），故於3月19日在49.2元附近先行出場。這次交易中，小毛在台積電44.7元時買進4張，49.2元賣出4張，獲利了結賺18000元。

　　而其它股票，日月光3月19日時的價格為15元，比買進價12.5元高，16張股票帳面暫時獲利40000元；而裕隆在3月19日時的價格為15.15元，比買進價格14.15元高，14張暫時獲利14000元。在不含交易成本的計算下，60萬元的本金總共已獲利72,000元，報酬已達12%。

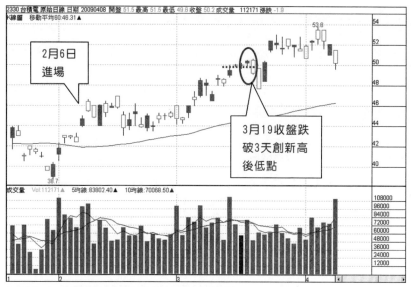

2月6日
進場

3月19收盤跌
破3天創新高
後低點

▶圖4-4　台積電2009年元月～4月走勢圖

　　由於賣出台積電，小毛資金已空出20萬元現金了，大盤也一直在季線之上，故持股比率可維持高檔，但當時他所觀察的股票中，並無波段買近關鍵價位出現，故利用短線波段買點之技巧，希望能買進拉回後向上漲的個股。

　　觀察數日後，小毛發現光寶這一檔個股向上起漲的時間較晚，關鍵價位在22.55元，是2009年元月7日之高點，而光寶在3月10日才站上波段關鍵價位。由於3月19日台積電出場那天，光寶價位仍在23元，距離波段進場關鍵價不遠，故小毛考慮用短線關鍵價位方法買進（見圖4-5），等光寶拉回時買進。2009年3月31日之短線關鍵價位為23.2元，故2009年4月1日於盤中23.2

關鍵價位

價位進場買進8張（用20萬元買最多的整數張數），並以3月31日低點22.6元為停損價位。當小毛於4月1日進場後，當天收盤23.75元，故小毛8張光寶已獲利4400元。

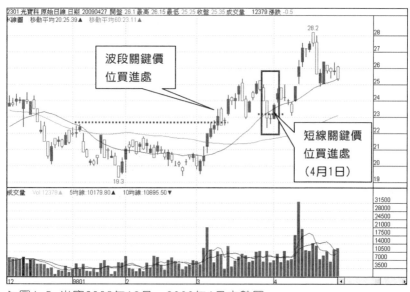

波段關鍵價位買進處

短線關鍵價位買進處（4月1日）

▶圖4-5 光寶2008年12月～2009年4月走勢圖

　　小毛買進光寶後，目前60萬元的手中持股為：光寶8張、裕隆14張及日月光16張。至4月2日時，小毛發現金融股走強，國泰金走勢來到波段買進關鍵價位了，但是自己目前手中持股已經滿檔，無法再買進股票，所以若小毛要買進一檔股票的話，必須先賣掉一檔股票。

　　要賣掉哪一檔才能買進國泰金呢？小毛心中一直思考：光寶是前一天才買的，要馬上賣嗎？裕隆最近漲不少，應該是可以賣

的標的吧？日月光股本不小，爆發力應該相對有限，目前也漲不少，是否也該賣了？小毛一直無法決定該賣出那一檔。

其實答案很簡單，小毛應該賣出目前表現最弱勢的股票，以買進表現較強勢的個股替換；檢視過去10日，哪一檔股票表現最弱就賣掉誰。當然比較原則包括：

比較原則：

1. 與大盤比較強弱。

2. 個股之間也要比較強弱。

▶圖4-6 2009年3月～4月2日光寶日線走勢圖

關鍵價位

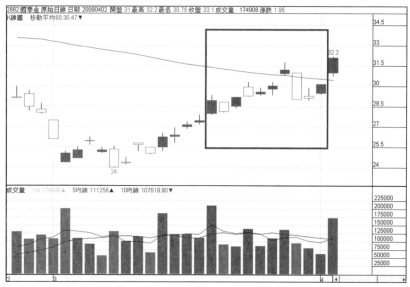

▶圖4-7 2009年3月～4月2日國泰金日線走勢圖

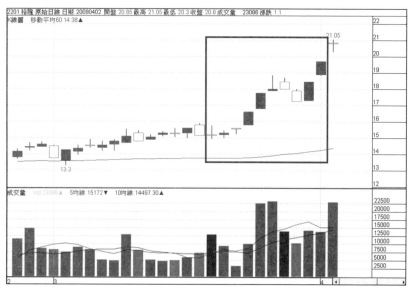

▶圖4-8 2009年3月～4月2日裕隆日線走勢圖

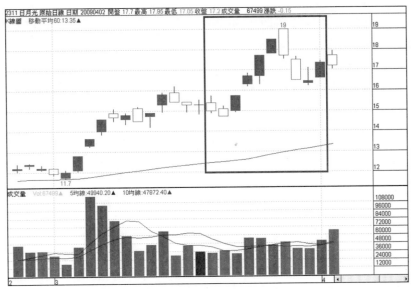

▶圖4-9 2009年3月～4月2日日月光日線走勢圖

　　比較這四檔個股（見圖4-6～4-9），過去十個交易日確實是光寶表現最為弱勢，雖然這檔股票小毛一買進就連漲兩天，但由於是四檔個股中最弱勢的，故在收盤時以24.45元賣掉光寶8張，以32.1元買進國泰金6張。

　　小毛自3月19日將台積電股票獲利出場且4月2日將光寶股票獲利出場後，目前持有3檔股票，分別是2月13日買進的16張日月光股票、2月25日買進的14張裕隆股票，以及4月2日買進的6張國泰金股票，現在他必須定期確認這些股票是否持續上漲，然後將符合出場或停損條件的股票賣掉，**而在轉換過程中，必須定期確認手中持股為強勢股。**

關鍵價位

至2009年6月2日時，國泰金、日月光、裕隆都漲到波段高點，試算進場後獲利如下：

1. 國泰金持有至6月2日時，市價$55.2累計獲利：
   （$55.2－$32.1）×1000×6＝$136,800

2. 裕隆持有至6月2日時，市價$34.95累計獲利：
   （$34.95－$14.15）×1000×14＝$291,200

3. 日月光持有至6月2日時，市價$20.5累計獲利：
   （$20.5－$12.5）×1000×16＝$128,000

4. 再加上獲利了結的光寶科與台積電：
   台積電4張：（$49.2－$44.7）×4＝$18,000
   光寶科8張：（$24.45－$23.2）×8＝$10,000

小毛至6月2日時，總計獲利：

$136,800＋$291,200＋$128,000＋$18,000＋$10,000＝$584,000元，**報酬率97%**。

大家看完小毛的交易後，可能會覺得很簡單，或是小毛的運氣很好，剛好遇到一個大多頭，買什麼股票都會賺；但重點是他必須換股交易——這是他交易上非常重要的一環——「定期」檢視手中股票是否強勢。

以上步驟應該可以幫助你了解股票市場中資金管理的方式——將資金分配至強勢股！雖然選擇強勢股無法保證100%獲利，

也可能你選擇的股票在短時間就停損出場，等待替換下一檔股票，但是若在確立趨勢初期或中期進場，應該很少有三檔個股同時停損出場的機會，所以使用這個方式相對穩定。

再者，不同於期貨，股票市場中有1000多檔標的個股，如果學不會篩選個股，則選到能獲利的股票就像大海撈針一樣困難。雖然將資金投入不漲的股票並不見得會下跌，但卻要多承擔一份風險或損失機會成本，不如賣掉這些已轉弱的股票，將現金入袋為安。如果覺得這幾檔股票很不錯，可以等該股後續更為強勢時再買入，如此不但能降低不必要的憂慮，也可以提高獲利！

重要的選股原則：汰弱換強，有計劃的定期檢視！

還有一些賺錢的小撇步，例如在市場趨勢明顯時，將資金運用於強勢股上，將幫助你賺到更多錢；另外，可以觀察類股趨勢，例如98年3月份的電子類股、98年4月份的金融類股，或是7、8月份的食品或塑化類股，觀測出這些類股之間的趨勢輪動，則可進一步找尋這些產業中值得買進的股票。

最後**建議投資人將目前持股降低至5檔以下，專心將這5檔持股做最好的分配**。很多人誤以為持股越多元越好，但卻容易因為要照顧的部分太多，以致市場有突發狀況時應變不及，心慌手慌，打亂了交易的節奏！另外，**投入的資金也應該和持股檔數成正比**，若你投入資金較少，卻持有太多檔股票，不妨現在先拿出持股清單，開始整理手中持股吧！

關鍵價位

後記

由上例讀者可以發現，小毛賣掉買進沒幾天的光寶換了國泰金這檔股票，而光寶並沒有符合我們第三章所述的任何出場條件。

光寶走勢真正最強的時間在2009年的7月份至10月份（圖4-10），但是我們當時並不知道，我們唯一知道的是：光寶當時的表現比國泰金弱，故在走勢A的波段我們捨棄光寶改買國泰金，但若當時光寶有圖中B波段之走勢，或許要捨棄的個股將是日月光而非光寶了。

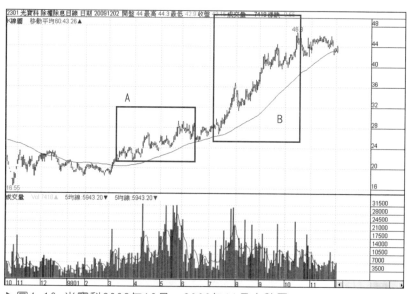

▶圖4-10 光寶科2008年10月～2009年11月走勢圖

　　雖然光寶不符合出場原則，但我們還是將它賣出，原因是我們看到了另一檔表現符合進場原則且走勢更強勁的個股，這才是我們在多頭賣掉持有手中個股的一個最主要因素。這點很重要，但希望讀者不要混淆出場方式及太常更換手中持股。

　　如果你沒有觀察的個股名單，則有時這樣的交易模式會使交易變得混亂，因為你總會在看其它個股走勢時發現走勢更好的個股。

　　這種交易手法會造成混淆嗎？應該不會，只要你有固定的觀察名單，理論上來說並不會造成困擾，因為我們的目的是手中持有最強的股票，而第二章所述的方法就是找正要上漲的股票。

　　賣掉較弱的個股而持有較強的，持續這個動作將使你手中的股票表現優於原來的持股及大盤；但若換到不好的、走勢弱的股票怎麼辦？**很簡單，只要再換成強的個股，然後持有。這是股票交易的重心，也是其與期貨交易一個最大不同之處。**

　　在此再強調一次，多頭行情時，許多的出場是使用換強勢股的方式來進行的，並非死守一支個股。

關鍵價位

練習題

1 何謂期貨市場中資金管理的一般性原則？舉例來說，若你初入期貨市場，僅有20萬元可供交易，按一般性的原則該如何交易才安全？

解答1：

若有20萬元可以充當保證金，按一般性原則，每次虧損不能超過5%，最大部位不能超過50%，故：

1. 若有20萬元，每次的停損最大金額是10000元，以大台來看是50點，用小台指來看是200點。故建議要做大台指最好僅作當沖，以免停損超過一般性的風險標準。

2. 若要留倉交易，最好以小台指來交易。

3. 以最大部位不超過50%的資金來看，最多也僅能作一口大台的當沖。

4. 若以小台操作，持有最多部位時為4口，一定要等獲利超過小台指的保證金兩倍以後才能再行加碼小台指。

2 若某投資人使用一般性原則交易期貨半年，並且專心做投資紀錄（交易日誌），發現交易已經穩定，也改進了缺點，而在過去交易中，他最大的損失是11萬元，請問他該如何使用最大回檔法？

解答2：

1. 最大回檔法隱含著投資人知道自己過去交易記錄的最大風險。

2. 該投資人在交易期貨時，每賺到22萬元即可增加投資的部位。

3. 就算該投資人遇到跟以前一樣的壞情況時，他的兩口單僅會把他賺的22萬元全部虧回去而已，並不會損害到本金。

4. 這時投資人要恢復到原先一口的操作。

5. 理論上來說，最壞的情況不會常常出現，否則交易的穩定度有待商確。

關鍵價位

3 若投資人根據過去一年的交易紀錄，發現確實可以穩定獲利，他想用資金最有效率且報酬增長最快的方式，請問可用何種資金管理模式？若過去一年的紀錄中，平均每次獲利的交易可賺200點，平均每次虧損為100點，勝率為43%，則資金控制方式為何？

解答3：

1. 使用報酬增長最快的模式為凱利公式。

2. $FK = ((WL+1) \times Pw-1) / WL = [(2+1) \times 43\%-1] / 2 = 14.5\%$
   即該投資人每次交易可用14.5%的資金。

3. 若大台每口保證金為77,000元，則反推回去，該投資人至少需要531,034元才可以用此方式交易一口大台。

4. 若小台每口保證金為19250元，則至少需要132,758元才可以用此方式交易一口小台。

4 若小毛在2010年3月份原本持有長榮海運（2603）個股，但3月19日時，發現同一類股之華航（2610）亦符合買點，請問小毛該如何考量？

▶附圖4-1 長榮2009年9月～2010年3月走勢圖′

關鍵價位

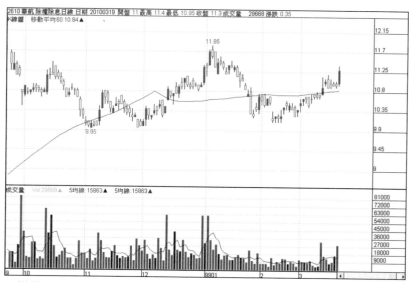

▶附圖4-2 華航2009年9月～2010年3月走勢圖

解答4：

1. 比較兩檔個股之相對強弱來判斷，原則是要持有較強勢之個股。

2. 以圖形來看，華航（2610）剛突破季線，長榮（2603）卻於元月中旬大幅下跌後再大幅反彈，目前價位已達箱型上緣，未來壓力較大。除此之外，長榮在元月份下跌時跌幅較大盤大，接下來反彈時雖強於大盤，但於三月中旬時反彈已弱於大盤至今。

3. 若覺得以圖形分析其強弱過於藝術性，或對技術分析較沒有
   信心，可再用過去十日之強弱來分析。

4. 華航過去十個交易日約上漲6%，而長榮過去十個交易日漲幅
   僅2.5%，大盤漲0.15%，華航表現確實較長榮佳。

5. 3月19日，比較華航、長榮及大盤強度後，建議將長榮換成
   華航。

6. 雖然華航之後的走勢不一定比長榮強，但只要當時你的觀察
   名單中有較強之個股，便應將資金放在較強的個股中——特
   別是當時大盤並非十分亮眼而該個股表現較佳時。

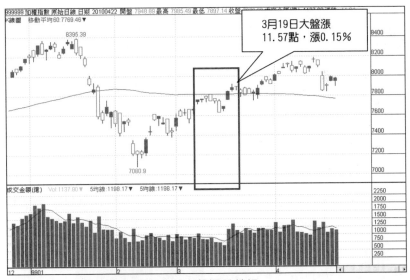

▶附圖4-3 3月19日之過去十日大盤漲跌情況

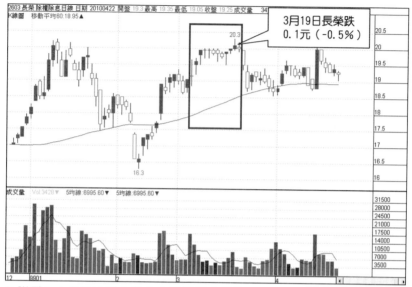

3月19日長榮跌
0.1元（-0.5％）

▶附圖4-4 3月19日之過去十日長榮走勢圖

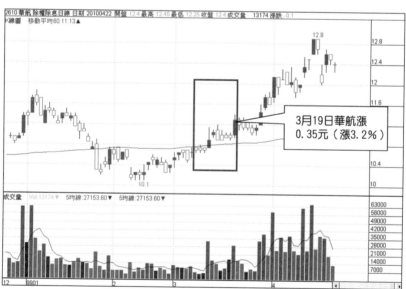

3月19日華航漲
0.35元（漲3.2％）

▶附圖4-5 3月19日之過去十天華航走勢圖

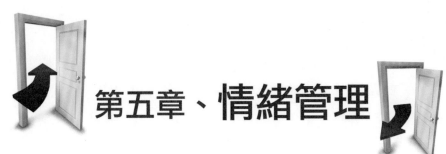

第五章、情緒管理

關鍵價位

當你學會交易（進、出場方式）與資金管理的重要性後，還有什麼是在實際進場交易前必須耳提面命的呢？那就是「情緒管理」了！情緒管理的角色佔了整場交易的40%。

現在有許多操盤人發展全自動交易，將自己的想法用程式寫成一個個交易策略，再用電腦自動下單，完全不經手操作，以避免在人性的弱點下，有失控的交易舉動。這樣的方式的確可以大大降低情緒管理不佳帶來的危害，但相對的也缺少了靈活性與臨時重大事件的應變性；而雖然平均而言，自動化確實比個別自由心證來得好，但又有多少人可以或有能力這樣做呢？

正因為全自動程式交易是一般投資人不容易達成的，所以自行做交易的你，更須積極做好情緒管理，在進場交易前就預先想好盤中進行的步驟，並按照預想的方式去執行！

既然情緒管理對於一場交易的成敗相當重要且關鍵，那麼我們更須了解其內涵，包括停損、自我管理能力（交易心態、EQ）、執行力……等等。

大部分的人並非每次交易都虧損，通常是前面幾次的交易都成功，卻在最後敗陣；探究其原因，常常都不是技術分析做得不好，而是在資金管理或是情緒管理中出了問題。

常常會發生這樣的情況：當我們當天交易開始賺了錢之後，

下一次的交易可能就會容忍較大的損失。例如每天都賺20點（4000元），結果一個星期之後，賺了20000元，但可能某天的一次交易就虧了100點，把一個星期賺到的錢全部輸光，又回到原點；這算是好的結局。常常有投資人每次都賺10點、20點，結果虧了100點或200點也不願停損，甚至把部位加得更大，結果虧得更多。這就是情緒管理不好，一賺錢就怕虧回去，所以趕快出場獲利了結；可是一虧損就希望扳回，不願意停損，任憑心裡的恐懼與貪婪來交易，結果就是虧損一途。

試想，如果你有一個好的策略，也擁有很厲害的技術分析技巧，卻在該進場或該出場時畏首畏尾，或是擔心行情的波動不如預期而無法確實執行策略，那麼就算有再好的交易方法也無法發揮，這也是強調自我管理的原因。人性總有許多弱點，如擔心、害怕、恐懼、貪婪、以小博大……等等，當這些情緒管理不好時，就可能導致部位風險失控，因此我們強調管理，是在於面對與認清，也在於執行。假如你擬訂的策略傳達出停損訊息時就應該停損，該持有大部位時也應該勇敢出手，才不會流於知而不做，反將整個交易的節奏打亂；也唯有在交易前就擬定一套應對方式，才不會在遇到大幅虧損時措手不及。

我們必須在交易前先做好心理建設，就像先打預防針一樣，避免遇到像黑天鵝效應這類無法預知的大事件時，造成元氣大傷或是被迫退出市場。

關鍵價位

小故事大啟示

與大家分享三個生活小故事：

一 原來打麻將也跟做交易有關？

假日朋友聚會的時候，打打牌、摸個幾圈可能是很多人的休閒方式，但平常找不到牌咖的時候怎麼辦呢？有業者推出網路麻將的服務，打著「天天都陪你摸」的標語，在電視上、facebook以及你可以想到的各種管道不斷放送著。

朋友小君平常在家帶小孩，閒暇之餘，被網路上麻將遊戲業者打出低消費又有高贈點的廣告吸引，就心動的付費加入了。

「只要花500元，就可以換得10萬元虛擬幣，不用真的花大錢去玩，也沒有輸贏的壓力，可以打發時間，電腦還會不時贈送點數，多好啊！」

「若是打100底50元一台，預計應該可以玩很久！」小君心裡想著。

可能是身為新手的好運道吧！她一開胡，果真連贏了好幾把，雖然每贏一把，系統都會自動抽取10%分紅，但在賺錢的時

候，這些小錢她也是不會介意。看著手中的虛擬幣逐漸增加，她心裡非常高興，也增加籌碼，準備繼續乘勝追擊！

一盤、兩盤、三盤，到了第四盤小輸一把，沒關係，第五盤繼續搏鬥。雖然不像一開始這麼順利，但也是小輸小贏，不太會侵蝕獲利。她就在這一筆筆的輸贏中繼續遊戲，也從100底50元一台的賭注加大到300元底100元一台。

到了不知第幾局，突如其來的放槍，讓正在聽牌的下一家抓住了胡牌的機會，狠狠的輸了1萬虛擬幣。她愣了一下，但也不以為意，心想：「反正1萬虛擬幣不也是自摸三把就能回本的嗎？」但心裡越是這麼想，老天爺卻好像要讓她嘗點顏色似的，讓她一把一把的輸，眼看10萬虛擬幣就要輸光了，她只好花500元再買10萬虛擬幣捲土重來。

可是輸輸贏贏，卻總是無法彌補之前造成的重大損失，情急之下，她決定大幅加碼，從300底100元一台，加到1000底500元一台！隨著輸贏的增加，她的心裡也產生許多雜念：「我的運氣真的這麼背嗎？」、「就差一點，這一把一定要贏回來！」……

可惜的是，想要一次賺取暴利來彌補虧損的心態卻讓她徒勞無功，每次賭輸都讓已經吃緊的虛擬幣更加短少，而賭贏又要被抽取10%佣金，就算偶爾贏回幾把，也還是無法追上虧損的腳步

關鍵價位

啊！她開始感到沮喪，但越沮喪就越讓自己身陷賭輸的陰影中，沒有反擊的能力。一個禮拜後，她耗盡了所有的虛擬幣。

「這一切都像是一場噩夢。」如夢初醒的她找我傾吐心中的不快。

「想當初玩遊戲的目的，不就是因為只需花小錢就能娛樂嗎？」小君感嘆著。

當貪婪與恐懼掩蓋了當初的心念，就會讓自己陷入失控的虧損雪球當中無法自拔，最後造成得不償失的結果吧！

這個故事並不陌生，或許就曾發生在你我身上！只是有幾個人願意在虧損出場後停下來思考，檢討失誤後再重新出發呢？

將這個故事套用在交易上就是：交易切忌「賭輸博大」！

還記得我們在前幾章學到了許多交易方式嗎？小君就犯了以下錯誤：

小君	成功的操盤人
有錯誤的交易模式 陷入「賺小賠大」的窘境	**遵行正確的交易節奏** 「小賺小賠，偶有大賺，絕不能大賠」
賠錢時選擇加碼攤平 陷入「資產越攤越平」的窘境	**厲行資金管理原則** 有賺錢才加碼，看錯方向時一次出場
賭輸博大 捲入「虧損雪球」中無法掙脫	**勇於停損，善於反省** 風險控管，在部位虧損放大前就先做處理
不服輸與恐懼 失控的情緒加速失敗的交易	**有好的情緒管理** 知道市場的殘酷，所以順勢而為
沒有自己的交易原則 加入手續費與交易稅成本後， 難以賺大錢	**清楚知道自己的交易邏輯** 知道自己的優勢，掌握獲利機會

交易總是有賺有賠，但是若不能下定決心在交易失敗後檢討自己的缺失，學習經驗並記取教訓，則下次進場後仍有可能重蹈覆轍，自食苦果了啊！

做交易和學游泳的道理是一樣的嗎？

大部分的人都有學游泳的經驗，有的人無師自學、觸類旁通；有的人經由教練的指導，抓住游泳的訣竅，在不斷的練習後，終於能夠在水中遨游；可是也有一種人，天生就怕水，心中的恐懼如一面高牆，難以跨越。我就是第三種人，斷斷續續學游泳三年的人。

關鍵價位

　　小學三年級的時候，媽媽送我到住家附近的大學參加泳訓班，每天放學後跟著教練一起學習，教練會講解游泳的動作，帶領我們在岸上練習划手、踢水等技巧。

　　「這個做100次！」只要教練發號司令，我們這些小毛頭就全部打起精神，一次又一次的跟著練習，為得是趕快學會後能下水大展身手。而真正下水後，才發現要學的事好多，要先閉氣、拿著浮板學漂浮，還要扶岸划手、踢水……，其實我很緊張，但是看到別的小朋友都跟著做了，也只能鼓勵自己：就勇敢試看看吧！果然，只要夠勇敢，游泳也沒有這麼難的！

　　但是在進到下一個階段「閉氣漂浮」的時候，就沒這麼容易了，必須拿掉浮板，蹬牆打水25公尺——這對用習慣浮板的我來說，的確是很大的挑戰。看著同學一個個成功的游出去，膽小的我卻始終跨不出這一步，想要逃避練習的機會，直到老師叫了我的名字，要我無論如何都要嘗試看看；我只好深吸一口氣，奮力蹬牆、不斷的踢水，這是我第一次划離岸邊，但卻沒有悠游的喜悅，只感覺水不斷灌入口中，身體越來越沉，手抓不到東西，腳也無法踩到地面……。

　　「怎麼辦？」我心裡只剩下這聲無言的吶喊，時間卻走得緩慢……突然我感覺到一雙手衝過來，緊緊抓住我，然後我又回到

了岸上。

我真的溺水了，雖然最後沒事，但心裡的恐懼一直存在，之後無論媽媽怎麼勸，我都不願意再回到泳訓班。

但是我的故事不像《鐵達尼號》那樣浪漫，安逸的日子並沒有持續太久。國中時學校訂定了游泳標準，每個人都至少要游過25公尺才能畢業，我簡直如臨大敵！或許這個標準不是很難，但對旱鴨子來說，卻是不可能的任務啊！

雖然有些無奈，但我還是開始練習。有很長一段時間，晚上補習完後，我的朋友阿娟都會留下來陪我練習一個小時，我總是把她的手抓得很緊，即使腳已經能構到地面，但我還是很害怕自己會淹死。或許我所學得的技巧已經足夠應付水中的狀況，但依舊沒有勇氣，也始終學不會換氣。

這樣的狀況持續了一陣子，直到發現阿娟的疲累，我才真正提醒自己，不能總是依賴，該是放手一搏的時候了！

每天我都早起到游泳池晨泳一小時才去上課，我學著從一次又一次的嗆水中克服內心的恐懼，然後終於抓到一點訣竅。

「原來，自由式換氣的時候，手要這樣擺才能把頭撐到水面！」

關鍵價位

當然我還是試了一次又一次，直到有一天發現自己嗆水的次數越來越少，換氣成功的次數越來越多。我開心的跟朋友分享我的新體悟，他也很有耐心的陪著我練習，給我建議，讓我越來越有心得，也不再害怕游泳，最後順利通過游泳測驗。

上大學後，我的好友也為了學不會游泳所苦，這時候就換我指引他，給他鼓勵，陪他一起學習、克服恐懼，一次又一次的突破自己，這也是我能為朋友做得最好的回報。

看完我的學習故事，你有沒有什麼感觸呢？

將這個故事套用在交易上就是：交易是需要不斷練習的！只看了書而沒有練習的交易就像學游泳沒練習一樣，容易溺斃。

市場或許就像水火一樣，是不帶任何情感的，而你我或許也曾是那個學不會游泳的孩子，會有遇到瓶頸，茫然無助的時候。只有少數的人才可以無師自通，而大部分的人都需要有好的老師教導與好的朋友一起討論，才能在自己快被市場滅頂時，僥倖保住性命。

練習為什麼重要？交易和游泳之間又有什麼關係？

❋ <u>當你在岸上練習了許多技巧，下水還是有可能淹死。</u>

當你學習了許多技術分析告訴你會大賺，你還是可能慘賠出場。

❋ <u>當你真正下水，你應該先在淺水區練習，熟悉水性後再到深水區。</u>

當你真正進入市場後，應該先用小資金練習，而非一次投入所有老本。

❋ <u>當你不斷嗆水，你還是不能放棄，一定要努力找到訣竅。</u>

當你面對虧損時，不能喪失自我，而是要檢討並堅定交易的邏輯。

❋ <u>當你溺水時，雖然會手足無措，但卻不能掙扎讓自己越陷越深。</u>

當你面對突如其來的巨大虧損，驚慌之中，你還是應該當機立斷停損。

❋ <u>當你遇到瓶頸的時候，身邊一定要有能指導你的老師或鼓勵的朋友。</u>

當你對市場感到茫然時，你應該調整心態，重新認識這個市場。

關鍵價位

* <u>當你在學游泳時，一定要循序漸進，只學會划手後就跳下水，你很可能淹死。</u>

　　當你在交易時，千萬不可好高騖遠，因為市場總是教導我們學會謙遜。

　　你可能難以相信，交易大師傑西·李佛摩也曾在市場上破產兩次，但他卻能自我反省，不輕言放棄，最後突破困境，因此我們能做的就是不斷的學習啊！

🔲 由開心農場學習到的交易哲學？

　　在朋友極力邀請下，我加入facebook，並開始了「開心農場」之旅。「開心農場」是一款網路正夯的小遊戲，每位玩家都是農場主人，可以在自己的農場種植各式各樣的蔬果來體驗農場生活的樂趣。

　　開始玩遊戲後，首先要決定的就是種植的作物種類，高達20餘種的作物，各有不同的熟成期，經濟價值也各不相同。起初，每位農主可分配到六塊土地來種植作物，從施肥、播種、灌溉到收成，每個階段都可能發生乾旱、蟲害、長雜草等情況，這時候就更需要細心照料，每天巡視作物，鋤地、澆水、殺蟲、除草、

化肥、收成……等等，而你所做的每個動作都可以累積經驗值，讓你在遊戲中升級，獲得更多的地與更好用的工具。

一開始覺得很好玩，因為系統設計了互動功能，在我忙碌無暇顧及「菜園」時，朋友就可以幫我澆水、除草……等等，賺取經驗值，而我也不用擔心農作物會因為疏於照顧而枯萎或是成長速度緩慢，一切都是這麼輕鬆愜意啊！

但是這個遊戲也不是這麼簡單的，如同真實的農夫生活般，要面對乾旱、蟲害，也可能有人來放蟲、放雜草，甚至是小偷來偷取辛苦熟成的作物。每次當這些情形發生時，總是讓我損失慘重，久了之後也慢慢知道要如何應變，例如定期請朋友除草、除蟲害以照顧作物的健康；把營養不良甚或已經枯萎的作物汰弱換新以增進農地運用；或是養一隻狗狗來幫我顧菜園，不讓偷菜賊靠近……等等，這些都讓菜園得以降低農災損失。

這個遊戲有一個與投資相同之處。如果要收穫好，錢賺得多，必須時時照顧農作物，不要被別人偷走，並且也要擴大農地，這樣收成才會多且好。有時作物照顧得真的很不錯，但也有意料之外的狀況讓你大傷元氣，例如之前「農災」頻傳，農場也會遭受損失，不但種下的果實消失不見，也造成等級下降、金幣短少的狀況，讓辛苦經營的成果在一夕之間全部幻滅——股市突

關鍵價位

然的下跌不是也如此的無常嗎？

暫且先不管有沒有農災造成損失，農場的收穫總是有限的，畢竟剛開始時大家都只有六塊地，無法一下子賺到很多錢。如果要賺比較多的錢該怎麼做？當然是種植經濟價植高的農作物。

投資股票時亦是如此，當資金有限時，要買什麼股票？當然是會漲的股票。那什麼股票比較會漲呢？從一般的知識或經驗中發現，比較會漲的都是最強的股票，答案很清楚，大家也知道。當初買進手中的這檔股票時，也是覺得它會漲，但結果卻難以預料，所以當股票不再是會漲的股票時，收成後（賣掉後）當然不要再買同樣的股票了，就像你種的農作物不再是經濟價值高的農作物時，你就不會再種它是一樣的道理。可是為什麼大部分的投資人還是死守著相同的股票，等著它上漲呢？這種期待就好像期望這次種的農作物可以突然賣一個好價錢是一樣的，結果大多是事與願違。「明明是一樣的事，一樣的推論，但做起來就用不一樣的邏輯！」

在開心農場中，每個人都僅有六塊地，如果你的地沒有增加，所能種的就只有六種農作物；在投資中，每個人都僅有有限的資金，若資金沒有增加，所能買的股票一定就有限。這與我們的資金管理模式類似。

　　我曾經問一位真正從事農業的朋友：「當你發現其中一塊地的農作物已經壞了怎麼辦？」

　　「當然是拔掉重新種呀，就算留著，壞掉的農作物也不會突然變好，也賣不到好價錢！」

　　我問：「你確定不會等到農作物長好再決定？說不定用一些化肥就好了。」

　　他反罵我：「你白癡喔！玩開心農場玩到走火入魔嘍！壞掉的農作物要賣給鬼喔！快點種新的才有機會賺到錢啦！」

　　同樣的問題，有一檔股票已經虧錢了，它正在下跌，我問持有它的另一位朋友：「股票已經跌了，你不拔（拔檔）嗎？」

　　他回答說：「跌太多了，等它反彈再說，看起來這檔股票的支撐在60元，目前跌到63元附近了，已經在支撐價位附近，馬上就要反彈了，反彈到73的壓力附近我再賣出。」

　　看似完美的計劃，背後卻潛藏著重大的危機。

　　我不好意思對他說：「如果跌破60元的支撐呢？如果反彈根本彈不到73元呢？如果一路跌到2008年的最低價30元呢？」

　　人們對於那麼不確定的事居然不降低風險，反而不切實際的計劃著。

關鍵價位

農作物壞了就要立刻拔掉，種新的、好的、有經濟價值的作物。那股票虧了、跌了，到了停損價格時，是不是也要立刻有動作呢？農夫的耕地有限，投資人的資金也有限，是不是要有效利用呢？

在開心農場中，當你要種新的作物時，必定是在那六塊地中種植，不可能平白無故有其它地方可以種植。投資時，如果要買新股票，一定是用你現有的資金來買，不會平白無故多出一筆錢來買股票。所以我們買進一檔新個股時，必須選擇先賣掉一檔個股，因為資源有限呀！

玩遊戲如果卡關了，就必須砍掉重練，重新累積等級；生長中的果實營養不良，也必須忍痛捨棄；在市場上做交易的道理亦相同，看錯方向就必須馬上停損，才不會讓部位的虧損無限擴張！

大多數人都知道停損的重要性，但只有極少數的人能在極端狀況發生時當機立斷做決定！一次、兩次，或許大部分的人能夠做到停損，但10次、20次呢？心裡會不會有些動搖？還能不能精準的停損？到底該如何調整心情與交易步調呢？

許多人與許多書都強調停損的重要性，因為毫不猶豫的停損真的非常重要的，但真正的重點並不在停損兩個字上，而是在「毫不猶豫」四個字上。

　　操盤失敗的原因大多不是因為不停損，而是猶豫並再三思考才停損！

　　重大走勢的停損一定要立即且迅速，因為一般的行情停損，絕大部分的人都可順利執行，就算稍有猶豫，影響也不大；但重大跳空時（如開盤即跳空200～300點或接近漲、跌停的走勢）大家都會比較猶豫，而這一下的猶豫，往往就是重大損失的開始！

　　2009年4月30日對許多期貨投資人而言是一個記憶猶新的日子，因為2009年的4月27日至4月29日三天的盤勢已連跌至月均線附近，許多人選擇放空股價期貨，卻因報導MOU相關議題……等消息面的因素，4月30日一開盤就漲停鎖住，造成持有空頭部位的投資人損失慘重！很多人都說，此波行情漲得很沒道理，MOU當時尚未簽訂，怎麼能保證是利多消息呢？但是當消息迅速反映在股價指數上時，若不能當機立斷停損，趁尚未完全鎖死前立即動作，之後就必須面臨更大的虧損。

　　行情連漲了三天，若4月30日能馬上停損，僅損失將近400點，再拖一天，就再損失400點，拖到了第三天，又多損失了100點，只要慢一天處置部位，損傷就會迅速擴大。期貨如此，股票的交易亦同！

關鍵價位

　　停損就好像果農遇到病蟲害一樣，必須當機立斷，立刻將感染的部分隔離、處理，避免災害擴大。交易必須在觸碰到停損點後，馬上將做錯的部位砍倉，才能繼續維持大賺小賠的節奏，若遇到像「黑天鵝效應」這樣影響極大的事件時，更應該立即停損，儘量減少手中部位的虧損，才能避免只虧一次就被掃出市場的窘境。

經過這一章的學習，我們整理幾個情緒管理的重點如下：

1. 真正進場交易前必須不斷的練習！
2. 遇到緊急的狀況切勿慌忙，而要冷靜下來思考！
3. 面臨連續的虧損時，應該檢討與改進缺失而非失控、抓狂！
4. 對交易要有自己的想法，面對連虧或大幅跳空的狀況才能馬上反應！
5. 克服貪婪、恐懼心理，以正確的交易方法去做！

後記

交易並非100%賺錢的生意。

沒有人能在面對虧損時還神色自若,除非對交易的本質了然於心;但未經歷長時間的淬煉、大量的練習,又如何能蛻變升級呢?

本書的交易方式是買正要走上升趨勢的股票,千萬別拘泥在特定的一檔股票上,這需要開闊的視野及提得起、放得下的心理。我見過太多的人,學了一個方法,買了一檔股票結果沒賺錢,雖然他停損了,但接下來卻一直想在這一檔股票上,用同一個方法「討回公道」;不過通常這檔股票卻總是在季線附近上上下下,讓你心裡恨得牙癢癢的,若整體大盤還不錯,你便損失了許多機會成本,也會同樣掉入「賺了指數,賠了差價」的陷阱之中。

在交易上,我們一直想能抓到正在走趨勢的股票,所以有1／3、1／3、1／3原則或1／5、1／5、1／5、1／5、1／5原則的資金管理方式,希望能利用分散資金的方式讓命中率高一些。除此之外,趕快將資金換到強勢股上,是另一個抓住趨勢中股票的方式,也希望在換股之後,手中持有的都是強勢的股票,甚至加碼到強勢股中,這也是股票交易與期貨交易不同的精髓所在。

關鍵價位

　　大部分的人將精力集中在進場，還一直找尋新的投資方法，有時方法一次沒賺，就認為沒有用處，或者賺的錢不如預期，就將一個穩定的方式丟棄，再花錢買更多的書，上更多的課，參加更多的投顧會員，幾年下來什麼也沒有改變，只有荷包變得愈來愈薄而已。

　　看對行情與進場的準確交易才會成功──這是個天大的錯誤，許多人努力了一輩子，交易也無法再進步，因為出場才是交易的另一個重心所在，出場若能掌握自如，交易之精進將日新月異，快速非常。

　　但接下來呢？資金管理更不能忽視，它真正串連了進場與出場的整體風險。有人說：投資人要破產兩次才能真正學會投資，一次破產學會停損（出場），另一次破產才學會資金管理。在資金管理中，保護你的交易資本是首要條件，其次求穩定成長，然後利用加碼或複利模式達到最大獲利的目標。但一般人卻反其道而行，只想求最大獲利，罔顧風險，且不求穩定的交易（求明牌就是一例）；殊不知在市場中，只要你虧得少，就有機會賺得多，想賺得多，就常常會賠得更多。你常常賠得很多嗎？留意一下資金管理，留意一下出場，這就是交易。

　　情緒管理呢？當然重要，但它並非等所有技巧都學會後才要會。把情緒管理放在最後確實容易引起誤會，但其實它貫穿了整

個交易的進場與出場、整個交易的流程，包括資金管理。因為在
每次的進場及出場間，情緒都會想盡辦法讓你失去控制，並困擾
著你的日常生活，甚至是健康。

* **多數人無法忍受連續的虧損，但你要能控制自己。**
* **你要從容不迫，不要讓貪婪及恐懼在交易時佔據了你的心。**
* **你要會思考，有自己的交易邏輯，不受外界干擾。**
* **你要相信自己，知道自己的優勢在哪裡。**
* **你要有決心立刻執行應該做的事。**
* **你要有最壞的打算，知道該怎麼辦。**

有時行情波動太大，交易中總是覺得身畔的忙碌聲依舊，電
話接聽聲、印表機、電腦打字聲……不絕於耳，但卻又像是一個
被隔絕在外的人。

虧損會使你整個人好像被抽離一般，周圍的光線瞬間黯淡了
下去，如同舞台劇內，脫離聚光燈的照射，突然陷入黑暗中，讓
你不知如何是好。

交易終究是孤獨的事業，壓力會使得判斷力受影響，所以情
緒的控制與維持穩定是相當重要的。

Note

交易員知道，趨勢才是你最好的朋友，而關鍵價位決定了趨勢；
到了關鍵價位，某些走勢你以為是偶然，其實都是必然。

能在市場上賺錢，依靠的並不是交易技術，而是「順勢而為」，
也就是跟隨趨勢。聽起來像老生常談，但事實就是如此。

附錄-
關鍵價位突破之實戰手冊

關鍵價位

投資金額： 本金100萬元

選股清單： 44檔期權標的股

標的	代碼	產業類別	標的	代碼	產業類別
台 泥	1101	水 泥	鴻 海	2317	其 它 電 子
統 一	1216	食 品	大 同	2371	其 它 電 子
台 塑	1301	塑 膠	中華電	2412	通 信 網 路
南 亞	1303	塑 膠	仁 寶	2324	電腦及週邊設備
台 化	1326	塑 膠	宏 碁	2353	電腦及週邊設備
遠東新	1402	紡織纖維	華 碩	2357	電腦及週邊設備
華 新	1605	電器電纜	廣 達	2382	電腦及週邊設備
中 鋼	2002	鋼 鐵	緯 創	3231	電腦及週邊設備
長 榮	2603	運 輸	彰 銀	2801	金 融 保 險
陽 明	2609	運 輸	寶來證	2854	金 融 保 險
華 航	2610	運 輸	華南金	2880	金 融 保 險
潤泰全	2915	百貨貿易	富邦金	2881	金 融 保 險
聯 電	2303	半 導 體	國泰金	2882	金 融 保 險
日月光	2311	半 導 體	玉山金	2884	金 融 保 險
矽 品	2325	半 導 體	元大金	2885	金 融 保 險
台積電	2330	半 導 體	兆豐金	2886	金 融 保 險
旺 宏	2337	半 導 體	台新金	2887	金 融 保 險
聯發科	2454	半 導 體	新光金	2888	金 融 保 險
勝 華	2384	光 電	永豐金	2890	金 融 保 險
友 達	2409	光 電	中信金	2891	金 融 保 險
晶 電	2448	光 電	第一金	2892	金 融 保 險
奇美電	3481	光 電	合 庫	5854	金 融 保 險

買賣原則：

1. 採季線上再突破進場方式。（又稱為：關鍵價位突破原則）

2. 進場時預先設定停損點。

3. 追尋並持有強勢股。（觀察個股族群輪動）

「季線上再突破」實務上採雙重確認方式：

1. 股價、指數行情站上季線之上。

   (1) 先前走勢要在季線下或回落碰到季線。

   (2) 「站上季線」是指當根K線收盤價比季線高。

2. 趨勢上升，突破先前穿越季線走勢之高點。

   被突破高點之最高價需高於前三天及後三天K線最高價。

資金控管：

1. 採用1/5原則，將資金分成5份，依股價決定持有張數。

2. 留強汰弱，並依季線調整持股水位。

3. 定期檢視標的，維持交易一致性。

   交易紀錄：範例日期自99/5/31至99/7/30

關鍵價位

交易紀錄

五月份

2010/05/31

5月31日，潤泰全（2915）收盤價76.3元，符合關鍵價位突破原則，故買進2張，價位在76.3元。

註：依據1/5資金管理原則，運用100萬本金之20%（20萬元）建立潤泰全部位，$200,000÷（$76.3×1000股）＝2.62（張）→買進2張潤泰全

▶圖1：潤泰全2010年至5月31日走勢圖

　　潤泰全買進後，停損方面，訂定買進價位高於20元之股票，以10%停損或先前低點67.2元孰高方式，作為停損價位。以10%來計算，停損應在68.7元，高於先前低點67.2元，故採用68.7元作為停損點。

2010/05/31 檢視大盤

由於當時大盤仍在季線以下，故部位控制應十分小心，持有要在5成以下。如仍有其它可買進股票時，可再買進一檔，再有第三檔要買進時，則必須比較是否較強勢，如有必要，需先捨棄一檔較弱勢之個股賣出，再買進一檔，將資金控制在五成以下。至於換股頻率，希望每週不超過一次，以免過度換股。

▶圖2：大盤2010年至5月31日走勢圖

關鍵價位

六月份

2010年6月15日，終於陽明（2609）又向上突破6月3日的關鍵價位13.25元，買進價位為收盤附近之13.45元。

 註：依據1/5資金管理原則，運用100萬本金之20%（20萬元）建立陽明部位，$200,000÷（$13.45×1000股）＝14.87（張）→買進15張陽明

此時以資金之20%買進陽明海運15張，目前手中持股已達四成水位。由於大盤仍未有效站上季線，故持股不宜再度擴張，若未來要再買進，必須先賣出一檔個股。

▶圖3：陽明至2010年6月15日走勢

2010/06/21

2010年6月21日，長榮海運（2603）關鍵價位突破，
但陽明及潤泰全當日均漲停板，且長榮與陽明類似，
陽明又強於長榮，故持有陽明。

▶圖4：長榮海運至2010年6月21日走勢

2010/06/21

6月21日，勝華（2384）關鍵價位突破，但因潤泰全
與陽明均漲停板，且潤泰全創歷史高價，實在沒有理
由換股，故仍持有相同個股。

關鍵價位

▶圖5：勝華至2010年6月21日走勢

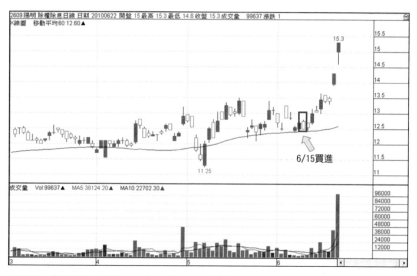

▶圖6：陽明持有至2010年6月21日走勢

▶圖7：潤泰全持有至2010年6月21日走勢

2010/06/25

2010年6月25日，合庫與第一金符合關鍵價位突破。

關鍵價位

▶圖8：第一金至2010年6月25日走勢

▶圖9：合庫至2010年6月25日走勢

　　這兩檔均為金融股,當時ECFA即將簽訂,買入風險應不高,但由於資金限制,目前手中持股已達四成水位,且大盤仍未有效站上季線,持股不宜再度擴張,必須先判定哪一檔較強才買進。

　　依過去10日漲跌幅判定,合庫漲5.19%,第一金漲7.53%,第一金較強,故應買進第一金,現在問題是,要賣那一檔?潤泰全或陽明?

　　在圖形上,陽明(21.15%)走勢最強,潤泰全(12.6%)次之,均比合庫及第一金佳,但由於金融初轉強,在漲勢上應當不如陽明及潤泰全這兩檔個股。

2010/06/25

其中,潤泰全雖不符合(1)停損、(2)創高點追蹤停利、(3)10日未創新高等出場原則,卻符合「背離」的出場原則,故此次交易賣出潤泰全,買進第一金11張。

❗ 註:依據1/5資金管理原則,運用100萬本金之20%(20萬元)建立第一金部位,$200,000÷($17.85×1000股)=11.20(張)→買進11張第一金

關鍵價位

　　若以乖離率來看，當潤泰全於6月24日創下波段新高價位92.5元後，其乖離率已產生背離現象，故應於6月25日於90元附近出場。

▶圖10：潤泰全2010年3月至7月1日之乖離率

2010/06/28

6月28日，彰化銀行、台新銀行再度符合關鍵價位突破原則。

由於前一交易日已買進第一金，接下來又有彰化銀行、台新金符合，金融類股陸續轉強現象明顯。

但彰銀當天漲停板，無法進場，強弱度方面：陽明＞彰銀＞台新金＞第一金，原則上應該次日換股彰銀，但為避免換股過於頻繁，故暫時持有同類型個股第一金。（後來事實證明，換最強的彰銀才是對的，要照原則操作）

▶圖11：彰銀至6月28日走勢圖

▶圖12：台新金至2010年6月28日走勢圖

關鍵價位

累計持股損益（統計至6/30）

標的	持有期間	獲利率	損益
潤 泰 全	5/31～6/25	17.96%	$34,600
陽 明	6/15～	22.30%	$45,000
第 一 金	6/25～	0%	$0

2010/06/30 檢視大盤

大盤仍在季線之下，季線仍在下彎，故持股仍應保持低水位。

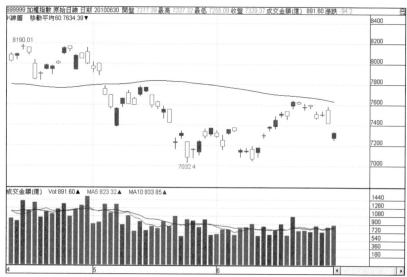

▶圖13：至2010年6月30日之加權股價走勢圖

統計六月份符合關鍵點進場原則之個股清單

標的	符合日期	備註
陽　　　　明	6/15	*已走強
長　　　　榮 勝　　　　華	6/21	*僅勝華一檔電子類股轉強
合　　　　庫 第　一　金	6/25	*金融股於六月下旬走強
彰　　　　銀 台　新　金 中　信　金	6/28	*金融股於六月下旬走強

六月份大多是金融股走強,且多半是中、下旬開始走強。

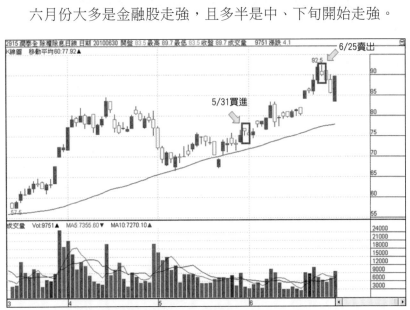

▶圖14:潤泰全至2010年6月30日走勢圖

關鍵價位

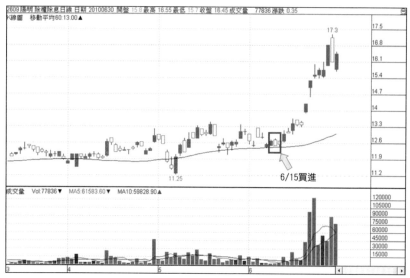

▶圖15：陽明至2010年6月30走勢圖

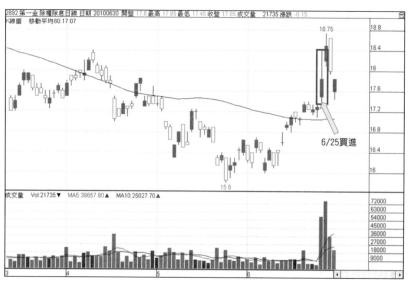

▶圖16：第一金至2010年6月30日走勢圖

其它6月份符合季線以上再突破至6月底之走勢：

▶圖17：長榮至2010年6月30日走勢圖

▶圖18：台新金至2010年6月30日走勢圖

關鍵價位

▶圖19：彰銀至2010年6月30日走勢圖

▶圖20：合庫至2010年6月30日走勢圖

▶圖21：勝華至2010年6月30日走勢圖

關鍵價位

七月份

2010/07/02

7月2日玉山金（2884）符合關鍵價位突破條件，由於已持有第一金的金融股，且強於玉山金，故暫不替換，除非該股出現轉弱現象。

▶圖22：玉山金至2010年7月2日走勢圖

2010/07/05

7月5日兆豐金（2886）亦轉強。

258

▶圖23：兆豐金至2010年7月5日走勢

2010/07/06

7月6日，富邦金（2881）、華南金（2880）、台泥（1101）、台化（1326）、台塑（1301）符合關鍵價位突破條件。

關鍵價位

▶圖24：富邦金至2010年7月6日走勢圖

2010/07/06 檢視標的——富邦金

由於已有金融股：

1. 富邦金季線仍往下。

2. 先觀察不換股。

▶圖25：華南金至2010年7月6日走勢圖

2010/07/06 檢視標的──華南金

由於已有金融股：

1.華南金季線仍往下。

2.先觀察不換股。

▶圖26：台塑至2010年7月6日走勢圖

2010/07/06 檢視標的——台塑

1. 台塑季線仍往下。

2. 先觀察不換股。

▶圖27：台泥至2010年7月6日走勢圖

2010/07/06 檢視標的──台泥

1.台泥季線仍往下。

2.先觀察不換股。

不過其向上突破走勢還不錯，是我相當喜歡的型態，可觀察後進場！

其實與台塑類似，過幾天季線開始扣抵較低價位時，季線將會走揚，若價格未來差不多且在季線上或可買進。

關鍵價位

▶圖28：台化至2010年7月6日走勢圖

2010/07/06 檢視標的——台化

1. 台化季線往上。

2. 由於第一金及陽明走勢仍強於台化，故觀察之暫
   不換股。

至7月初，金融股陸續轉強，接下來傳產也陸續好
轉，電子許多個股也站上季線，如行情持續，相信未
來1～2週許多電子股亦會出現季線以上再突破。

目前大盤距季線僅40點，預留資金準備買進電子股
或許是不錯的選擇。

2010/07/08 檢視大盤

大盤站上季線。

▶圖29：大盤至2010年7月8日走勢圖

關鍵價位

考量因素

大盤雖然站上季線，但季線仍往下彎：

目前正在扣抵4月15日8171.95點之反彈高點，預計13個交易日後，若大盤價位相若，季線將可逐步走揚。

大盤在季線之上，預計行情可能區間震盪：

由於先前已有獲利，表示波段有可能成形，部位可擴大至4～6成左右，即五份資金可用三份，可買進第三檔季線上再突破個股而不用先出場。

檢視七月份符合個股

由於先前個股富邦金、台塑、華南金、台泥、台化以台化表現最強勢（根據過去10日計算），雖然個人偏好台泥走勢圖，但仍買進台化，以求交易之一致性。

2010/07/08

1. 以1/5資金買進2張台化（1326），價位72.2元。

2. 比較停損10%（65元）與前波低點67.58元孰高，採用67.58元為停損價格。

3. 目前持有陽明、第一金及台化。

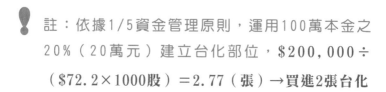

註：依據1/5資金管理原則，運用100萬本金之20%（20萬元）建立台化部位，$200,000÷（$72.2×1000股）＝2.77（張）→買進2張台化

　　當然未來數日大盤有可能跌破季線，但預期行情為震盪走勢，未破前低7251點前，持股水位6成，即繼續持有3檔股票。

▶圖30：台化至2010年7月8日走勢圖

2010/07/09

7月9日待符合季線上再突破的有國泰金（2882）、廣達（2382）。

國泰金算金融股中最慢向上突破的，目前強勢已由銀行股轉換為壽險股；而電子股終於有第一檔轉強，是屬NB代工的廣達（2382），但因強度較手中持股弱，故暫不買進。

關鍵價位

▶圖31：國泰金至2010年7月9日走勢圖

▶圖32：廣達至2010年7月9日走勢圖

累計持股損益(統計至7/9)

標的	持有期間	獲利率	損益
陽　明	6/15～	39.03%	＄78,750
第一金	6/25～	4.76%	＄9,350
台　化	7/8～	-0.55%	－＄800

七月份符合季線上再突破進場原則個股清單

標的	符合日期	備註
玉山金	7/2	*金融股轉強
兆豐金	7/5	*金融股轉強
富邦金、華南金 台泥、台塑 台化	7/6	*傳產股亦轉強
國泰金、廣達	7/9	*電子股陸續轉強

✎交易小提醒

建議每天製作交易紀錄，並定期檢視手中持股。

2010/07/16

寶來證及新光金符合關鍵價位突破原則。

關鍵價位

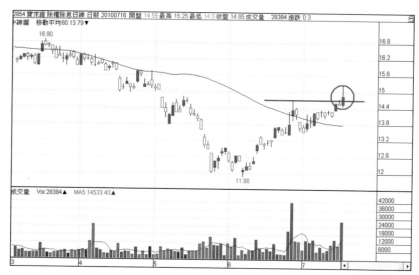

▶圖33：寶來證至2010年7月16日走勢圖

▶圖34：新光金至2010年7月16日走勢圖

由於又有兩檔金融股符合關鍵價位買點，且第一金已持有14個交易日以上，故檢視走勢並比較候選名單較類似之中信金、彰銀、新光金、台新金及寶來證，當然要買進相對強勢個股。

2010/07/16

比較相對強弱走勢順序：台新金＞彰銀＞中信金＞寶來證＞新光金，故可於當日進行換股操作，以19.05元賣出第一金11張，並以14.5元買進台新金13張。

❗ 註：依據1/5資金管理原則，運用100萬本金之20%（20萬元）建立台新金部位，$200,000÷（$14.5×1000股）＝13.79（張）→買進13張台新金

關鍵價位

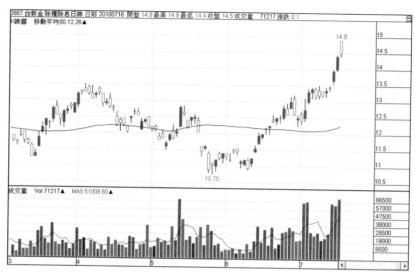

▶圖35：台新金至2010年7月16日走勢圖

　　目前持股：陽明（2609）15張、台新金（2887）13張、台化（1326）2張，共3檔個股。

累計持股損益（統計至7/16）

標的	持有期間	獲利率	損益
陽明（15張）	6/15〜	46.47%	＄93,750
第一金（賣出）	6/25〜7/16	6.72%	＄13,200
台化（2張）	7/8〜	-1.39%	－＄2,000
台新金（13張）	7/16〜	0%	＄0

　　7月19日台積電符合季線以上的關鍵買進價位，但要賣出哪一檔個股？陽明、台新金或台化？

2010/07/19

比較過去10天的走勢後發現，僅僅只有台化的表現弱於台積電，其強弱排序：台新金＞陽明＞台積電＞台化，故以價位71.2元賣出台化2張，並以價位61.1元買進台積電3張。

📍 註：依據1/5資金管理原則，運用100萬本金之20%（20萬元）建立台積電部位，$200,000÷（$61.1×1000股）＝3.27（張）→買進3張台積電

關鍵價位

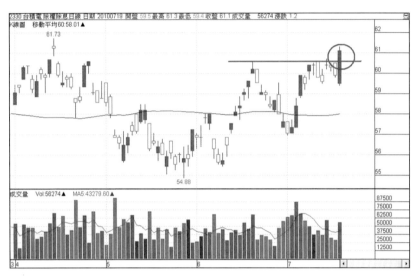

▶圖36：台積電至2010年7月19日走勢圖

目前持有：陽明（2609）、台新金（2887）、台積電
（2330）等3檔個股。

累計持股損益（統計至7/19）

標的	持有期間	獲利率	損益
陽明（15張）	6/15～	43.49%	＄87,750
台新金（13張）	7/16～	0.69%	＄1,100
台化（賣出）	7/8～7/19	-1.39%	-＄2,000
台積電（3張）	7/19～	0%	＄0

2010/07/23 檢視大盤

大盤當日也達關鍵買賣價位，向上突破7月15日的
關鍵價位7732.31點，收盤來到7782.02點，在當天
決定持有部位之水準可由原先6成水位提升至8成水
位。若未來行情再過今年元月高點8395.39點，可再
將持有股票之水位提升至10成滿倉。

▶圖37：大盤至2010年7月23日走勢圖

　　當然如果大盤跌破7月19日之低點7596.26點，即關鍵價位
與買進價位之間的低點，持股應降回6成。降低持股時，賣出之
個股應該是表現最弱的股票，而非當時增加持股的個股。

關鍵價位

　　如果有季線開始上揚且突破關鍵點才增加持有水位，這時就不用增加持股水位，但要保持交易的一致性，即未來有相同情況，希望投資人也用同樣的原則來增加持股水位，而非這次是如此，下次卻用另一個標準。

2010/07/23

7月23日緯創（3231）符合關鍵價位，以價位57元買進3張，停損出場價位暫設10%（51.3元）與前波低點53.9元孰高，因此停損價為53.9元。

 註：依據1/5資金管理原則，運用100萬本金之20%（20萬元）建立緯創部位，$200,000÷（$57×1000股）＝3.51（張）→買進3張緯創

▶圖38：緯創至2010年7月23日走勢圖

　　目前持有：陽明（2609）、台新金（2887）、台積電（2330）、緯創（3231）等四檔個股。

累計持股損益(統計至7/23)

標的	持有期間	獲利率	損益
陽明（15張）	6/15〜	55.02%	$111,000
台新金（13張）	7/16〜	0%	$0
台積電（3張）	7/19〜	2.78%	$5,100
緯創（3張）	7/23〜	0%	$0

關鍵價位

7月27日宏碁（2353）、仁寶（2324）又符合關鍵價位買進點。

▶圖39：宏碁至2010年7月27日走勢圖

▶圖40：仁寶至2010年7月27日走勢圖

現在又將決定是否換股，目前手中持有台積電、陽明、台新金及緯創四檔個股。雖然我們希望不要換得太頻繁，但台積電已持有6個交易日，超過一週；緯創雖僅持有兩個交易日，但若緯創太弱勢，也應換成較強勢之個股，以免重蹈6月28日彰銀之覆轍。

在個股強度上：陽明＞宏碁＞仁寶＞緯創＞台新金＞台積電

2010/07/27

以價位62.5元賣出台積電3張，以價位83.4元買進宏碁2張。

關鍵價位

 註：依據1/5資金管理原則，運用100萬本金之20%（20萬元）建立宏碁部位，$200,000÷（$83.4×1000股）＝2.4（張）→買進2張宏碁

目前持有陽明（2609）、宏碁（2353）、台新金（2887）及緯創（3231）。

累計持股損益（統計至7/27）

標的	持有期間	獲利率	損益
陽明（15張）	6/15～	55.39%	$111,750
台新金（13張）	7/16～	-1.72%	- $2,750
台積電（賣出）	7/19～7/27	2.28%	$4,200
緯創（3張）	7/23～	-1.75%	- $3,000
宏碁（2張）	7/27～	0%	$0

截至7月30日之持有個股走勢

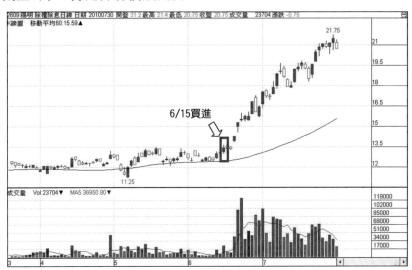

▶圖41：陽明至2010年7月30日走勢圖

▶圖42：台新金至2010年7月30日走勢圖

關鍵價位

▶圖43：緯創至2010年7月30日走勢圖

▶圖44：宏碁至2010年7月30日走勢圖

截至7月30日之已賣掉個股走勢

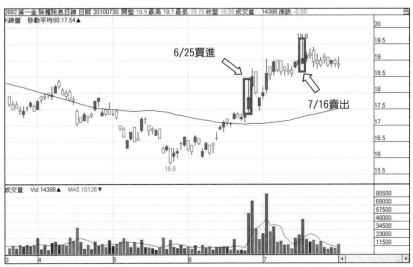

▶圖45：第一金至2010年7月30日走勢圖

▶圖46：台化至2010年7月30日走勢圖

關鍵價位

▶圖47：台積電至2010年7月30日走勢圖

累計持股損益（統計至7/30）

標的	持有期間	獲利率	損益
陽明（15張）	6/15～	54.28%	$109,500
台新金（13張）	7/16～	-1.38%	-$2,200
緯創（3張）	7/23～	0.17%	$270
宏碁（2張）	7/27～	2.88%	$4,800

統計七月份符合關鍵點進場原則之個股清單

標的	符合日期	備註
玉山金	7/2	*金融類股轉強
兆豐金	7/5	*金控股開始轉強
富邦金、華南金 台泥、台塑、台化	7/6	*傳產股轉強
國泰金、廣達	7/9	*壽險股是金融族群中落後者
新光金、寶來證	7/16	*證券股是金融族群中落後者
台積電	7/19	*電子類股轉強
緯創	7/23	*電子股
仁寶、宏碁	7/27	*電子類NB代工

總計兩個月來的交易：

潤泰全：34,000

陽明：109,500

第一金：13,200

台新金：(2,200)

台化：(2,000)

台積電：4,200

宏碁：4,800

緯創：270

總計獲利161,770元，報酬率16.17%，持股8成。

關鍵價位

附帶一提，採用關鍵價位操作，若觀察名單有金鼎證券，也可在7月26日收盤前用10.3元買進，隔天報紙刊出群益合併消息，收購價若仍在12.5元，未來也將有21.36％的報酬率。

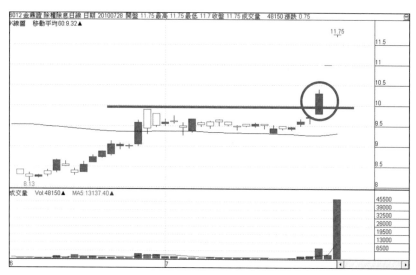

▶圖48：金鼎證至2010年7月28日之走勢圖

聚財網叢書

編號	書 名	作 者	定價
A001	八敗人生	吳德洋	380
A002	股市致勝策略	聚財網編	280
A003	股市乾坤15戰法	劉建忠	260
A004	主力控盤手法大曝光	吳德洋	280
A005	期股投機賺錢寶典	肖杰	320
A006	台股多空避險操作聖經	黃博政	250
A007	操盤手的指南針	董鍾祥	270
A008	小錢致富	劉建忠	350
A009	投資路上酸甜苦辣	聚財網編	290
A010	頭部與底部的秘密	邱一平	250
A011	指標會說話	王陽生	320
A012	窺視證券營業檯	小小掌櫃	280
A013	活出股市生命力	賴宣名	380
A014	股市戰神	劉建忠	280
A015	股林秘笈線經	董鍾祥	260
A016	龍騰中國	鬼股子	380
A017	股市贏家策略	聚財網編	320
A018	決戰中環	鬼股子	380
A019	楓的股市哲學	謝秀豐	450
A020	期貨操作不靠內線	曾永政	260
A021	致富懶人包	黃書楷	260
A022	飆股九步	劉建忠	280
A023	投資唯心論	黃定國	260
A024	漲跌停幕後的真相	鬼股子	280
A025	專業操盤人的致富密碼	華仔	360
A026	小散戶的股市生存之道	吳銘哲	300
A027	投資致富50訣	陳嘉進	330
A028	選擇權3招36式	劉建忠	300
A029	談指神功	nincys	300
A030	一個散戶的成長	蔡權光	300
A031	世紀大作手	鬼股子	250
A032	股票基金雙聖杯	劉建忠	260
A033	用心致富	張凱文	260
A034	趨勢生命力	賴宣名	380
A035	變臉	王陽生	350
A036	股市提款機	陳信宏	320
A037	決戰狙擊手之當沖密技	呂佳霖	520
A038	基金，騙局？一場夢！	王仲麟	320
A039	台指當沖交易秘訣	李堯勳	320
A040	技術分析不設防	cola	380
A041	漫步台股	維我獨尊	320
A042	股市提款卡	陳信宏	320

聚財網叢書

編號	書 名	作 者	定價
A043	買進飆股不求人	劉富生	380
A044	轟犇猋股有麝	呂佳霖	500
A045	2012台北‧北京‧上海黃金三角	萬瑞君	300
A046	不好意思，我贏了！	王仲麟	380
A047	買進飆股不求人2	劉富生	580
A048	能知明日富可敵國	李南憲	380
A049	向獲利Say High	吳銘哲	380
A050	基金野人實戰獲利傳奇	陳峻暻	380
A051	與選擇權有約	林冠志	500
A052	致富錦囊	劉建忠	380
A053	股市心經	小白	260
A054	征服金融大海嘯	華仔	520
A055	致富生命K棒	呂佳霖	390
A056	菜籃族跟我走	陳仲偉	360
A057	關鍵價位	徐華康	390

名家系列

編號	書 名	作 者	定價
B001	交易員的靈魂	黃國華	600
B002	股市易經峰谷循環	黃恆堉(2)	260
B003	獵豹財務長投資魔法書	郭恭克	560
B004	坐擁金礦	王俊超	380
B005	台北金融物語	黃國華	350
B006	台北金融物語二部曲	黃國華	370
B007	哇靠！這就是中國	萬瑞君	300
B008	翻身	萬瑞君	300
B009	投資心法豹語錄首部曲	郭恭克	350
B010	獵豹財務長投資羅盤	郭恭克(2)	580
B011	大勢所趨	萬瑞君	300

圖表操作系列

編號	書 名	作 者	定價
C001	固定操作模式	劉富生	320
C002	獵豹財務長投資藏寶圖	郭恭克(3)	560
C003	股票指數的型態趨勢研判	劉富生	320
C004	看盤贏家	禹帆	690

國家圖書館出版品預行編目資料

關鍵價位：股票與期貨的進出場時機 / 徐華康
著. -- 初版. -- 臺北縣中和市：聚財資訊,
2010.11
面；公分. --（聚財網叢書；A057）

ISBN 978-986-6366-22-2（平裝）
1.證券投資 2.投資技術 3.投資分析

563.53   99019318

聚財網叢書 A057

關鍵價位：股票與期貨的進出場時機

作　　者　　徐華康
總 編 輯　　莊鳳玉
編　　校　　高怡卿‧周虹安
設　　計　　陳媚鈴

出 版 者　　聚財資訊股份有限公司
地　　址　　23557 台北縣中和市板南路671號9樓
電　　話　　(02) 8228-7755
傳　　真　　(02) 8228-7711

軟體提供　　金鼎Golden Line　金融家資訊網路股份有限公司

法律顧問　　萬業法律事務所　湯明亮 律師

總 經 銷　　聯合發行股份有限公司
地　　址　　231 台北縣新店市寶橋路235巷6弄6號2樓
電　　話　　(02) 2917-8022
傳　　真　　(02) 2915-6275
訂書專線　　(02) 2917-8022

ISBN-13　　978-986-6366-22-2
版　　次　　2010年11月 初版一刷
定　　價　　390 元

聚 財 點 數 1 0 0 點

編號： L55131

開啓碼：

開啓聚財點數說明及使用方式
請至 http://www.wearn.com/open/

聚財網 wearn.com
客服專線 02-8228-7755
聚財資訊股份有限公司